PÉTITION AU SÉNAT

DANS LE BUT D'OBTENIR

QUE CETTE HAUTE ASSEMBLÉE VEUILLE BIEN RENDRE,

SUR L'IRRITANTE QUESTION

DU RÈGLEMENT DES EAUX COURANTES

NON NAVIGABLES NI FLOTTABLES,

LA JURISPRUDENCE CONFORME A LA LÉGISLATION

ET A LA CONSTITUTION QUI PLACE TOUTES LES PROPRIÉTÉS NON DOMANIALES
SOUS LA SAUVEGARDE DES TRIBUNAUX,

EN DÉCLARANT

QUE CE N'EST POINT A L'AUTORITÉ ADMINISTRATIVE A FAIRE LA POLICE DE
CES EAUX, PARCE QUE LEUR EMPLOI N'EST PAS DE NATURE A FROISSER
l'intérêt général, MAIS SEULEMENT **l'intérêt local**,
LEQUEL EST, COMME **l'intérêt privé**, DE LA COMPÉTENCE DE
L'AUTORITÉ JUDICIAIRE, ET NE RÉCLAME, DE PLUS QUE CE DERNIER, QUE
L'INTERVENTION PRÉALABLE DU PRÉFET PAR VOIE DE CONSEIL ET DE
CONCILIATION.

PAR HENRI DE LAGENARDIÈRE.

Toutes les parties de la constitution d'un
peuple libre sont solidaires ; on ne saurait
frapper l'une sans que les autres ne rendent
un long gémissement.
(ROYER-COLLARD.)

BESANÇON,
IMPRIMERIE ET LITHOGRAPHIE DE J. JACQUIN,
Grande-Rue, 14, à la Vieille-Intendance.

1862.

PÉTITION AU SÉNAT

PRÉCÉDÉE

D'UNE ADRESSE A L'EMPEREUR.

PÉTITION AU SÉNAT

DANS LE BUT D'OBTENIR

QUE CETTE HAUTE ASSEMBLÉE VEUILLE BIEN RENDRE,

SUR L'IMPORTANTE QUESTION

DU RÈGLEMENT DES EAUX COURANTES

NON NAVIGABLES NI FLOTTABLES,

LA JURISPRUDENCE CONFORME A LA LÉGISLATION

ET A LA CONSTITUTION QUI PLACE TOUTES LES PROPRIÉTÉS NON DOMANIALES
SOUS LA SAUVEGARDE DES TRIBUNAUX,

EN DÉCIDANT

QUE CE N'EST POINT A L'AUTORITÉ ADMINISTRATIVE A FAIRE LA POLICE DE
CES EAUX, PARCE QUE LEUR EMPLOI N'EST PAS DE NATURE A FROISSER
l'intérêt général, MAIS SEULEMENT **l'intérêt local**,
LEQUEL EST, COMME **l'intérêt privé**, DE LA COMPÉTENCE DE
L'AUTORITÉ JUDICIAIRE, ET NE RÉCLAME, DE PLUS QUE CE DERNIER, QUE
L'INTERVENTION PRÉALABLE DU PRÉFET PAR VOIE DE CONSEIL ET DE
CONCILIATION.

PAR HENRI DE LAGENARDIÈRE.

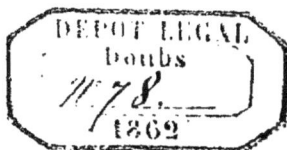

> Toutes les parties de la constitution d'un
> peuple libre sont solidaires; on ne saurait
> frapper l'une sans que les autres ne rendent
> un long gémissement.
> (ROYER COLLARD)

BESANÇON,
IMPRIMERIE ET LITHOGRAPHIE DE J. JACQUIN,
Grande-Rue, 14, à la Vieille-Intendance.

1862.

A SA MAJESTÉ NAPOLÉON III.

———

SIRE,

La pétition qui suit est le développement d'une opinion émise par Napoléon Ier sur une des plus graves questions de notre droit civil, la question de propriété des cours d'eau non navigables ni flottables.

On lit, en effet, dans le compte-rendu de la discussion sur la loi des mines [1] :

« NAPOLÉON DIT QU'UNE MINE EST DE LA MÊME NATURE » QU'UNE CARRIÈRE DE PIERRES ET UN COURS D'EAU, LES-» QUELS APPARTIENNENT A CELUI DANS LE SOL DUQUEL ILS » SE TROUVENT. »

Pourquoi donc Napoléon comparait-il une mine et un cours d'eau à une carrière de pierres

[1] Locré, t. IX, p. 161.

a

et ne leur appliquait-il pas, comme on le fait aujourd'hui, le système *res nullius?*

C'est parce que ce système est incompatible avec l'esprit de nos institutions modernes, ainsi que l'indique bien clairement l'art. 538 du Code Napoléon, ainsi conçu :

« *Les chemins, routes et rues à la charge de* » *l'Etat, les fleuves et rivières navigables et* » *flottables, les rivages de la mer, les ports, les* » *havres, les rades* ET GÉNÉRALEMENT TOUTES LES » PORTIONS DU TERRITOIRE NATIONAL QUI NE SONT PAS » SUSCEPTIBLES D'UNE PROPRIÉTÉ PRIVÉE, *sont consi-* » *dérés comme des dépendances du domaine* » *public.* »

D'où il suit que si les mines et les cours d'eau non navigables ni flottables n'étaient pas susceptibles de propriété, ils ne pourraient pas être considérés comme *res nullius,* mais feraient nécessairement partie du domaine public.

Or, la première conséquence de la domanialité, c'est de mettre à la charge de l'Etat l'entretien et la conservation des biens dont la propriété lui est attribuée, sauf au gouvernement à utiliser à son profit par des concessions particulières la partie de ces biens qui n'est pas consacrée à un usage public. Et il est à remarquer que s'il n'existe que des droits d'usage essentiellement révocables sur les différentes natures de biens qui, comme les rivières navigables et flottables, sont occupées par des particuliers en même temps qu'elles sont consacrées à un usage public, c'est afin que l'administration, qui n'a pas qualité pour connaître des questions de propriété, ne puisse pas être gênée dans l'exécution des mesures qu'elle a à prendre pour la conservation ou l'amélioration du service d'utilité publique confié à ses soins.

Mais les mines et ceux des cours d'eau dont l'entretien et la conservation ne sont point à la charge de l'Etat, par la raison bien simple qu'ils ne sont consacrés qu'à des usages privés, ne sauraient être soumis au pouvoir discrétionnaire de l'autorité administrative, et pour s'en convaincre il suffit de remarquer qu'en les considérant comme choses communes ou *nullius*, et en les enlevant, comme tels, à la juridiction des tribunaux, cette autorité leur fait perdre le bénéfice de l'affranchissement de la propriété, qui fut l'un des principaux mobiles et l'une des plus précieuses conquêtes de la révolution de 1789.

Il y avait donc dans l'organisation de notre nouvel ordre social un danger à éviter; il ne fallait pas qu'à la faveur du système RES NULLIUS

(*système incompatible, comme je viens de le démontrer, avec l'esprit de nos institutions modernes*), l'administration pût s'attribuer la police
des propriétés ci-devant banales, et ce sont les inconvénients inhérents à l'action de police de cette
autorité que l'illustre chef de votre dynastie signalait, Sire, à son conseil d'Etat, quand il s'exprimait ainsi dans une de ces mémorables dis-
cussions où tout le monde s'inclinait devant la
profondeur et la sagesse de ses vues autant que
devant la majesté du souverain.

« Il n'y a de propriété et de liberté que par la
» garantie qu'offrent les tribunaux... C'est parce
» qu'on renvoie aux tribunaux toutes les questions
» de propriété, qu'en France la propriété est res-
» pectée... Tout citoyen a qui l'on fait tort doit
» pouvoir se plaindre, non pas a l'administration, ou
» la faveur peut beaucoup, qu'on n'aborde que dif-
» ficilement, qui vérifie les faits comme il lui con-
» vient et ne décide point ou décide suivant son bon
» plaisir, mais aux tribunaux, auprès desquels tous
» ont accès, ou l'on trouve des défenseurs, des for-
» mes protectrices, un examen régulier, un jugement,
» des formes invariables. Voyez le style humble
» et suppliant d'une pétition, et le style ferme d'une
» requête, et vous comprendrez la différence. Un pé-
» titionnaire croit solliciter une grace; un plaideur
» a la conscience qu'il use de son droit. On ne jouit

» PAS DE LA LIBERTÉ CIVILE DANS TOUT ÉTAT OU CELUI
» EN LA PERSONNE DUQUEL LA LOI A ÉTÉ VIOLÉE, FUT-CE
» PAR UN MINISTRE, NE PEUT PAS SE PLAINDRE AUX TRIBU-
» NAUX (1). »

S'élevant comme on le voit aux considérations de l'ordre le plus élevé, et cherchant ses titres de gloire plus encore dans la fondation du monument de législation qui porte son nom que dans l'éclat de ses victoires, Napoléon Iᵉʳ, qui avait le sentiment des besoins de son époque, tirait de l'abolition du régime féodal cette conséquence naturelle que les attributions de police dont les seigneurs avaient été investis par le droit coutumier sur les terres et eaux banales de leurs fiefs, avaient dû être transmises à l'autorité judiciaire, et non point, comme on le suppose mal à propos de nos jours, au pouvoir exécutif.

Le décret abolitif de la féodalité (2) aurait bien dû cependant ouvrir les yeux à l'autorité administrative, puisqu'il est ainsi conçu :

Art. IV. « *Les justices seigneuriales sont sup-*
» *primées sans indemnité ; néanmoins, les offi-*
» *ciers de ces justices continueront leurs fonc-*

(1) Paroles citées par Daviel dans son *Traité des cours d'eau,* 3ᵉ édit., t. III, p. 468.
(2) Celui du 3 nov. 1789.

» *tions jusqu'à ce qu'il ait été pourvu à l'éta-*
» *blissement* D'UN NOUVEL ORDRE JUDICIAIRE ; »

Et par le fait ce fut le décret du 24 août 1790, sur l'organisation judiciaire, qui fit cesser les fonctions de ces officiers, en chargeant les tribunaux civils *de connaître des entreprises des riverains sur les cours d'eau* [1].

Après cela, on peut se convaincre, en lisant les différents exposés des motifs du Code Napoléon, que les auteurs de cette œuvre immortelle avaient parfaitement compris les intentions de l'Assemblée constituante, et tenaient à assurer l'application des principes inaugurés par elle ; car si le rapport de Treilhard [2] contient cette phrase significative :

« *Notre Code abolit jusqu'au moindre ves-*
» *tige de ce domaine de supériorité jadis con-*
» *nu sous le nom de seigneurie féodale et cen-*
» *suelle,* »

Le rapport de Portalis [3] laisse assez entendre que, suivant l'opinion des auteurs du Code, le gouvernement n'avait rien à prétendre sur ce point dans l'héritage des seigneurs, puisqu'il ajoute :

« *Il est facile de reconnaître que la puissance*

(1) Art. 10 du titre II de cette loi.
(2) Sur le titre I du livre II.
(3) Sur le titre II du même livre.

» *des fiefs n'est qu'une chose accidentelle, qui*
» *ne saurait appartenir au souverain.* »

La puissance des fiefs ayant donc disparu purement et simplement, aucune entrave ne s'opposait plus à la jouissance des particuliers, et c'est avec raison que Portalis ajoutait dans son exposé des motifs du Code :

« *Nous avons pensé devoir rétablir les rive-*
» *rains dans l'exercice de leurs droits naturels,* »
c'est-à-dire de droits qu'ils tiennent non d'une concession gracieuse du gouvernement, mais de la nature des choses, ou, en d'autres termes, de leur qualité de riverains dans le cas où la disposition des lieux leur permet de jouir des eaux qui bordent ou traversent leurs héritages.

Cependant, si le droit des riverains découle de ce principe que le lit du cours d'eau qui, par sa position, ne peut être consacré qu'à leur usage, leur appartient *par droit d'accession* et que l'eau est elle-même un accessoire du lit, il ne faut pas oublier que ce principe n'entraîne pas la faculté de disposer de cette eau d'une manière absolue, car il est des restrictions apportées à la jouissance des riverains que prévoit l'article 552 du Code, et dont on trouve ensuite la définition dans l'article 644.

Ainsi, après avoir dit : « *La propriété du sol*

» *entraîne la propriété du dessus et du dessous,*»
l'article 552 ajoute : « *Le propriétaire peut*
» *faire au-dessus toutes les constructions qu'il*
» *juge à propos, sauf les exceptions établies au*
» *titre* DES SERVITUDES ET SERVICES FONCIERS. »

Eh bien, il est à remarquer que c'est précisément dans le chapitre Ier de ce titre qu'a été
placé l'article 644, dans lequel les riverains doivent chercher la mesure de leur droit.

Or, cet article est ainsi conçu :

« *Celui dont la propriété borde une eau cou-*
» *rante* AUTRE QUE CELLE QUI EST DÉCLARÉE DÉPEN-
» DANCE DU DOMAINE PUBLIC PAR L'ART. 538, *peut s'en*
» *servir à son passage pour l'irrigation de ses*
» *propriétés.*

» *Celui dont cette eau traverse l'héritage,*
» *peut même en user dans l'intervalle qu'elle*
» *y parcourt, mais à la charge de la rendre à*
» *la sortie de ses fonds à son cours ordinaire.* »

Or, pour mesurer l'abîme qui existe depuis
longtemps entre la jurisprudence et la législation,
et pour comprendre les fâcheuses tendances de la
commission du projet du Code rural [1] qui aban-
donne celle-ci pour se rattacher aux errements
de la jurisprudence actuelle, il suffit de lire le

_____

[1] Commission du Sénat.

passage suivant du rapport de celle commission:

« *Le Code ne laisse aucun doute sur la pro-*
» *priété des rivières navigables et flottables.*
» *L'article 538 déclare que ces rivières font par-*
» *tie du domaine public; mais que faut-il décider*
» *relativement à la propriété des cours d'eau*
» *non navigables ni flottables? Ici se présente*
» *l'une des questions les plus ardues et les plus*
» *importantes du régime des eaux;elle divise pro-*
» *fondément les tribunaux et les jurisconsultes.*

» *Cependant il est de notre devoir de ne pas*
» *omettre que* LA COUR DE CASSATION, LE CONSEIL D'E-
» TAT, LE MINISTRE DES TRAVAUX PUBLICS, *ont appuyé les*
» *prétentions du domaine sur l'ensemble des dis-*
» *positions du Code Napoléon, etc...* »

Or, quelque imposante que soit une opinion
quand elle est celle des grands corps de l'Etat,
il n'est pas bien difficile de combattre celle-ci,
puisqu'il suffit pour en démontrer le peu de
valeur de faire observer que le Code ne règle
que le mode d'occupation des choses dites *res
singulorum*, et qu'en raison des termes dans
lesquels est conçu le premier § de l'article 644,
c'est exactement comme s'il disait :

*Celui dont la propriété borde une eau cou-
rante* AUTRE QUE CELLE LAISSÉE A LA DISPOSITION DE
L'ADMINISTRATION, *peut...,* etc.

La première rédaction du second § de cet article allait même plus loin, car il y était dit qu'un riverain propriétaire des deux bords peut user de l'eau *à sa volonté*, mais le motif pour lequel les auteurs du Code ont cru devoir retrancher cette expression, n'est certes pas de nature à infirmer les raisons que peuvent faire valoir en faveur de leur système les partisans du droit de propriété des riverains, car ce fut sur une observation de Cambacérès dont Locré rend compte en ces termes :

« Le consul Cambacérès pense qu'on pourrait,
» au lieu de dire que *chacun usera des eaux à*
» *sa volonté*, spécifier que la jouissance du pro-
» priétaire supérieur sera réglée de manière à
» ne pas nuire à celle du propriétaire infé-
» rieur. »

Et pour ne pas nuire à ce propriétaire, la seule restriction que la loi apporte à la jouissance absolue de celui qui reçoit les eaux avant lui, c'est de l'obliger à les rendre à leur cours ordinaire après s'en être servi.

Ainsi, le riverain d'une seule rive ne peut pas user des eaux *à sa volonté*, parce que son droit est limité par celui de son voisin de l'autre bord, et celui qui est propriétaire des deux rives ne le peut pas non plus, mais jouit d'une bien

plus grande liberté que le premier, puisqu'il lui
est seulement enjoint de rendre à leur cours
ordinaire les eaux dont il n'a plus besoin.

Eh bien, qui dit *user des eaux*, dit les élever
au moyen de barrages ou autres ouvrages de retenue. Mais si par les obstacles qu'il apporte à
leur libre écoulement, un riverain vient à nuire
à ses voisins supérieurs ou inférieurs, c'est aux
tribunaux, dit l'article 645, à régler cette contestation « *en conciliant les intérêts de l'agricul-*
» *ture avec le respect dû à la propriété.* »

Là se bornait la première rédaction de cet article, en vertu de laquelle les tribunaux (*et cette
circonstance ne doit pas, Sire, échapper à Votre
Majesté*) auraient seuls pu faire des règlements
d'eau sur les rivières non domaniales.

C'est qu'il est vrai de dire que les auteurs du
Code n'avaient pas songé d'abord aux sages prescriptions de la loi du 6 octobre 1791.

L'art. 16 du titre II de cette loi chargeant le
directoire de département (*aujourd'hui le préfet*) de fixer la hauteur d'eau des établissements
hydrauliques, il fallait bien tenir compte de cette
recommandation et reconnaître aux règlements
faits par le préfet dans les limites de ses attributions, la valeur qu'ils doivent avoir.

Mais si les auteurs du Code avaient d'abord

méconnu l'importance et l'utilité de ces règlements, ils réparaient bien vite leur erreur en
ajoutant à l'article 645 un second §, ainsi conçu :

« *Et dans tous les cas les règlements* PARTICU-
» LIERS ET LOCAUX *sur les cours et l'usage des eaux*
» *doivent être observés.* »

Eh bien, c'est sur le caractère notamment *des
règlements locaux* que le gouvernement s'est
complétement mépris, car, en attirant à lui la
connaissance de ces sortes de règlements, il ne
se maintient pas non plus dans les termes de
la loi de 1791, qui ne réclame pas son inter·
vention, mais seulement celle de l'autorité chargée de l'administration du département.

Il est vrai que M. Garnier fait à ce sujet la réflexion suivante :

« La loi n'exige que l'autorisation du préfet,
» mais sa décision ne peut être définitive, car si
» un préfet refusait mal à propos de donner la
» permission, la partie ne s'accommoderait nul-
» lement d'être jugée par lui. Le roi a pu établir
» que tous les arrêtés d'autorisation lui seraient
» soumis, afin qu'il vérifiât s'il y avait lieu de
» les confirmer ou de les réformer (1). »

C'est conformément à cette doctrine que le

(1) *Traité des rivières,* tome II, p. 116.

conseil d'Etat, jugeant au contentieux, s'est cru autorisé à dire :

« *Vu les lois des* 20 *août* 1790 *et* 6 *octobre*
» 1791, *considérant que les arrêtés des préfets*
» *relatifs aux règlements des usines ne sont que*
» *les actes préparatoires des ordonnances qui*
» *doivent faire ces règlements et statuer sur les*
» *oppositions,* etc. » (Arrêt du 4 juin 1834.)

Le conseil d'Etat est dans le vrai quand il s'appuie sur la loi de 1790 pour dire que l'arrêté d'un préfet en matière de règlement d'eau ne peut être *qu'un acte préparatoire,* puisqu'il est dit dans le chapitre 1er de cette loi, que *les administrations de département ne peuvent pas faire* DE RÈGLEMENT, et dans le chapitre VI, *qu'elles doivent se contenter d'*INDIQUER *la meilleure direction à donner aux eaux* [1].

Mais pour que M. Garnier crût devoir invoquer en faveur du gouvernement les motifs d'intervention dont il parle, la loi de 1791 était-elle donc conçue de manière que le préfet pût se

---

[1] La loi est ainsi conçue :

« Chap. I. *Les administrations de département ne peuvent faire*
» *ni ordonnance,* NI RÈGLEMENT. »

« Chap VI. *Elles* (les administrations) *doivent aussi* RECHERCHER
» *et* INDIQUER *les moyens de diriger toutes les eaux de leur terri-*
» *toire vers un but d'utilité générale d'après les principes de l'irri-*
» *gation.* »

croire autorisé par elle à disposer souverainement des eaux? Non évidemment, car la loi dit
simplement :

   « *Les propriétaires de moulins construits*
» *ou à construire*, etc., *seront forcés de tenir les*
» *eaux à une hauteur qui ne nuise à personne,*
» ET QUI SERA FIXÉE PAR LE DIRECTOIRE DU DÉPARTEMENT
» (aujourd'hui le préfet). »·

   Or il faut prendre garde de donner à cette
fixation, *du moment où elle ne revêt pas les formes d'un règlement d'administration publique,*
plus de valeur qu'elle n'en peut avoir.

   Le décret de décentralisation de 1852 a eu
pour but, il est vrai, d'agrandir les attributions
du préfet sur les rivières non navigables ni flottables, mais il n'avait pas, comme on va le voir,
sa raison d'être, car il n'y avait rien à décentra-
liser sur ces cours d'eau.

   Le gouvernement, en effet, pas plus que l'autorité judiciaire et les particuliers eux-mêmes,
ne pouvaient, avant ce décret, être liés par les
décisions d'un préfet. Ainsi, si la loi de 1790
recommande à cet administrateur de *rechercher*
et d'*indiquer* la meilleure direction à donner *à
toutes les eaux de son territoire*, ce qui comprend
aussi bien les rivières navigables que celles qui
ne le sont pas, et si la loi de 1791 lui donne

encore mission de déterminer à quelle hauteur
les eaux pourraient être tenues sans nuire à personne, il est bien clair qu'après cette opération,
ce sera au gouvernement à intervenir pour
faire le .règlement et statuer sur les oppositions,
si la rivière est domaniale, parce que rien ne
peut se faire sur une rivière de l'Etat sans son
agrément.

Mais s'il s'agit d'une rivière non domaniale
ou privée (*car ces deux expressions sont syno-
nymes du moment où le système* RES NULLIUS *n'est
pas possible*), l'arrêté du préfet ne pourra être
évidemment que l'acte préparatoire ou d'un règlement amiable entre les parties, ou d'un règlement judiciaire, puisque la loi du 24 août
1790 charge (*art.* 10 *du titre* III) les tribunaux
civils et non point l'administration de prononcer souverainement sur les contestations auxquelles peut donner lieu l'emploi des eaux.qui ne
servent qu'à des usages privés.

Maintenant tout le monde peut saisir facilement l'erreur de la doctrine de M. Garnier et de
la jurisprudence du conseil d'Etat. Ces deux autorités ont le tort de penser que l'intervention
du gouvernement est nécessaire aussi bien pour
la solution des questions d'intérêt local que pour
celle des questions d'intérêt général, et ils ne font

pas attention que ces deux sortes d'intérêts, bien
qu'ayant un caractère public l'un et l'autre, ne
peuvent pas ressortir à la même juridiction.

A aucune époque d'ailleurs ils n'ont été régis
par les mêmes lois; anciennement comme aujourd'hui *l'intérêt général* entraînait la domanialité, tandis que *l'intérêt local* n'était qu'une
cause de banalité, mais les banalités ayant été
abolies, par la loi du 15 mars 1790, au profit
des riverains et non au profit du gouvernement,
les propriétés ci-devant banales sont passées de
la juridiction des seigneurs dans le domaine de
l'autorité judiciaire.

Seulement il faut bien faire attention que cette
autorité ne serait pas plus à même de prendre
seule des mesures d'intérêt local que le gouvernement de prendre seul des mesures d'intérêt
général, et que c'est pour cela que la constitution
a placé le préfet à portée des intérêts publics de
toute nature, pour édifier aussi bien l'autorité judiciaire sur les questions *d'intérêt local* que l'autorité administrative sur celles *d'intérêt général*
qui peuvent se produire dans l'étendue de la cir-
conscription territoriale confiée à ses soins.

Que le préfet n'intervienne pas dans un intérêt
particulier, cela se conçoit, les tribunaux peuvent
et doivent régler seuls toutes les contestations d'in-

térêt purement privé; mais les questions d'*inté-*
rêt public local réclament son concours dans la
mesure que je viens d'indiquer, et non point
comme le suppose la commission du projet du
Code rural [1], quand elle dit par l'organe de
son rapporteur :

« *Les pouvoirs conférés à l'administration*
» *sur les cours d'eau non navigables ni flotta-*
» *bles sont définis par les lois suivantes :*

« *Code Nap., art.* 645, *qui après avoir dé-*
» *féré aux tribunaux la connaissance des diffé-*
» *rentes contestations entre les propriétaires*
» *auxquels peuvent être utiles les eaux non dé-*
» *pendantes du domaine public, ajoute : Dans*
» *tous les cas, les règlements particuliers et lo-*
» *caux sur le cours et usage des eaux doivent*
» *être observés.* »

Or la commission entendant que l'obligation
imposée aux tribunaux de faire observer ces
règlements doit avoir pour effet de soumettre
aux décisions de l'autorité administrative celles
de l'autorité judiciaire, M. le rapporteur ajoute :

« *Le pouvoir de l'administration n'est point*
» *entravé par la juridiction que l'art.* 645 *con-*
» *fère aux tribunaux. S'agit-il d'un cours*

[1] Commission du Sénat.

b

» *d'eau à l'égard duquel l'administration n'a*
» *rien statué?* **Les décisions judiciaires sont**
» **souveraines et reçoivent leur exécution pleine**
» **et entière tant que l'administration n'a rien**
» **statué; mais si un règlement est publié, même**
» **après la chose jugée, les tribunaux sont tenus**
» **de s'y conformer.** »

Comme si des règlements *particuliers* et même *locaux* pouvaient être faits en la forme et avoir la valeur des règlements d'administration publique !

Qu'est-ce en effet qu'un *règlement particulier,* si ce n'est une convention faite entre deux ou plusieurs propriétaires sur une question d'intérêt purement privé, sans le concours de l'autorité judiciaire, parce que la loi attribue aux conventions privées la même valeur qu'à des jugements, et sans le concours de l'autorité administrative, parce que si le gouvernement n'a pas à s'inquiéter du mode d'occupation des eaux non domaniales, le préfet n'a rien à voir non plus dans la contestation qui peut s'élever au sujet de ces eaux quand la décision judiciaire à intervenir n'est pas de nature à froisser *l'intérêt public local.*

Et qu'est-ce qu'un *règlement local,* si ce n'est celui fait amiablement entre les parties sous les

auspices du préfet et par les soins de ses ingénieurs, dans le cas où, les tribunaux ne pouvant
prononcer sans être certains que leur décision
ne froissera pas les intérêts de quelque personne
étrangère au débat, cette circonstance a nécessité
préalablement l'intervention du préfet pour
donner, dans des enquêtes publiques, l'éveil à
tous les intérêts.

« Les hommes, disait Portalis [1], sont assez
» clairvoyants sur ce qui les touche; la liberté
» laissée au propriétaire fait de grands biens et
» de petits maux. L'intérêt public est en sûreté
» quand, au lieu d'avoir un ennemi, il n'a
» qu'un garant dans l'intérêt privé. »

Eh bien, c'est avec cette idée que nos pères
ont fait la révolution de 1789, et que l'Assemblée constituante, pour agir dans le sens de ce
mouvement de rénovation, a affranchi les différentes natures de propriété qui, comme les eaux
courantes non navigables ni flottables, étaient
anciennement soumises *au domaine de supériorité du seigneur*.

Or il faut bien faire attention que si le gouvernement avait hérité des prérogatives *de ce
domaine*, il aurait aujourd'hui dans l'étendue

(1) Exposé des motifs du titre II du livre II du Code.

de l'empire, comme anciennement le seigneur
dans l'étendue de son fief, la faculté de diriger
à travers les terres riveraines, et partout où la
disposition des lieux lui permettrait de le faire,
des canaux de dérivation dans l'intérêt de l'agriculture et de l'industrie, car c'est ici le lieu de
remarquer que le droit de libre disposition
des eaux entraine nécessairement le droit de
disposer aussi des terres voisines lorsque
ces eaux ne sont consacrées qu'à l'usage des
riverains (1).

Mais l'abolition du pouvoir que le seigneur
exerçait sur le domaine utile de ses vassaux,
a si peu eu lieu au profit du gouvernement, que
la faculté donnée par la loi du 29 avril 1845 au
riverain d'un cours d'eau non domanial d'amener sur sa propriété, au moyen d'un aqueduc pra-
tiqué à travers les héritages supérieurs, les eaux
que l'escarpement des rives lui empêche de
prendre au droit de son fonds, constitue une servitude légale qui ne pourrait pas aujourd'hui

---

(1) Le droit qu'a le gouvernement de disposer des rivières navigables et flottables dans l'intérêt du service public qui y est établi, ne présente pas les mêmes inconvénients, car le lit et les francs
bords faisant partie du cours d'eau, le gouvernement peut y faire,
du moment où ce cours d'eau est domanial, tels travaux qu'il juge
convenables dans l'intérêt de la navigation, sans toucher aux propriétés riveraines.

être l'objet d'une autorisation du gouvernement comme, au temps où les terres étaient banales, elle résultait d'une autorisation du seigneur.

Si donc en principe un préfet ne peut pas, malgré le décret de décentralisation de 1852, disposer *par voie de police* des eaux des rivières non domaniales, parce que le gouvernement lui-même serait dans l'impossibilité de le faire, attendu que la constitution a mis sans exception toutes les propriétés qui n'appartiennent pas au domaine public sous la sauvegarde des tribunaux, il n'est pas bien difficile de démontrer les inconvénients qu'il y aurait de substituer l'action de l'autorité administrative à celle de l'autorité judiciaire pour la solution des questions *d'intérêt local* qui peuvent néanmoins se produire sur les cours d'eau privés.

Sans doute les questions qui peuvent intéresser une localité, comme par exemple celles relatives à la hauteur des eaux, ne sauraient, ainsi que je l'ai déjà dit, être tranchées par l'autorité judiciaire seule, parce que si elle déterminait cette hauteur, en n'envisageant que l'intérêt des personnes en cause, elle risquerait de froisser celui d'autres personnes non parties aux débats.

Mais si le préfet donne préalablement dans une enquête publique l'éveil à tous les intérêts,

et si par là il prévient toute surprise, n'est-ce
pas là le cas de répéter avec Portalis « *que*
» *l'intérêt public est en sûreté, lorsqu'au lieu*
» *d'avoir un ennemi il n'a qu'un garant dans*
» *l'intérêt privé.* »

Et par le fait, à qui viendrait-il dans l'idée de
supposer que des riverains seraient assez ou-
blieux de leurs intérêts pour laisser exécuter
ou permettre de conserver en lit de rivière des
ouvrages dont on leur aurait signalé le danger?

Or, les opérations préliminaires d'un règlement
d'eau étant faites par les ingénieurs de l'administration sous la surveillance du préfet, si c'est
l'autorité judiciaire qui intervient, il est bien
évident qu'elle ne peut pas plus être embarrassée
sur les questions d'art que ne le serait le gouvernement lui-même, du moment où elle a pour
s'éclairer les éléments d'appréciation fournis par
le préfet; mais comme les questions de droit sont
exclusivement de la compétence des tribunaux
civils, il est difficile de concevoir une juridiction
plus conforme à la nature des intérêts qu'il s'a-
git de régler en cette circonstance.

Si au contraire c'est le gouvernement qui intervient, il est bien clair que les riverains ne
jouiront pas de la liberté civile que leur a valu
l'affranchissement de la propriété, et qu'il faut

prendre en considération le danger qu'il peut y avoir de laisser aux règlements d'administration publique le soin de modifier les différentes natures de propriétés qui, comme les mines et les cours d'eau, ont été laissées par la loi dans le domaine des particuliers, danger que Napoléon Ier signalait dans la discussion de la loi des mines, par les réflexions suivantes [1] :

« NAPOLÉON DIT QUE LA CONCESSION D'UNE MINE CONS- » TITUANT UNE PROPRIÉTÉ [2], IL FAUT QUE LE CONCES- » SIONNAIRE NE PUISSE ÊTRE DÉPOSSÉDÉ QUE PAR LES TRI- » BUNAUX ET NON PAR UN SIMPLE ARRÊTÉ DU MINISTRE, QUI » POURRAIT ÊTRE SURPRIS.

» LE SÉQUESTRE DOIT ÊTRE JUDICIAIRE SI CELA EST POS- » SIBLE ; LES TRIBUNAUX ONT DES FORMES QUI SONT LA GA- » RANTIE DE LA PROPRIÉTÉ, PARCE QU'ELLES PRÉVIENNENT » LES SURPRISES ET L'ARBITRAIRE.

[1] Locré, t. IX, p. 181.

[2] Bien que la propriété des mines soit une concession du gouvernement, il est à remarquer néanmoins que cette nature de bien rentre dans la catégorie des propriétés privées.

« *Pour que les mines soient bien exploitées*, disait le conseiller » rapporteur lors de la discussion de la loi, *pour qu'elles soient* » *l'objet du soin assidu de celui qui les occupe*, il faut qu'elles cessent » *d'être des propriétés précaires, incertaines, non définies, changeant* » *de main au gré d'une administration abusive, d'une police arbi-* » *traire.* »

« *Ces propriétés*, disait à son tour l'orateur du gouvernement, » *deviennent, à compter d'aujourd'hui, des biens patrimoniaux hé-* » *réditaires, protégés par la loi commune, et dont les tribunaux seuls* » *peuvent prononcer l'expropriation.* »

» M. l'archichancelier dit que l'action de l'ad-
» ministration ne doit commencer qu'après que
» les tribunaux ont jugé le fait.

» M. le comte Regnault (de Saint-Jean-d'An-
» gely) dit que le séquestre judiciaire serait trop
» long et trop dur.

» NAPOLÉON DEMANDE D'APRÈS QUELLES PREUVES L'AD-
» MINISTRATION PRONONCERA. »

» M. le ministre de l'intérieur dit que ce sera
» d'après les procès-verbaux.

» NAPOLÉON DIT QU'UN MINISTRE OU MÊME UN PRÉFET
» ADOPTERA SANS EXAMEN LES PROCÈS-VERBAUX D'UN IN-
» GÉNIEUR PASSIONNÉ OU HAINEUX. »

Eh bien! ce que disait l'empereur à propos
d'une concession de mine est vrai aussi à l'égard
d'un règlement d'eau. Lorsque l'administration
a à se prononcer sur le recours formé contre une
opération de ce genre, l'amour-propre de l'ingénieur consulté n'est pas seulement en jeu. Et
on comprend parfaitement qu'en défendant son
œuvre quand elle est mauvaise, cet agent du
pouvoir défend également, mais alors au préjudice des intérêts qui lui sont confiés, la considération de l'administration.

Cette adresse, Sire, et la pétition ci-jointe ont

donc pour but de signaler à Votre Majesté et au Sénat le danger le plus grand que puissent courir nos institutions modernes, à savoir que l'administration, mal à l'aise dans le rôle, trop modeste à son gré, de conseil et de conciliation que la constitution et la loi lui ont confié pour aider les particuliers et l'autorité judiciaire dans la solution des questions d'*intérêt local*, tend toujours à le changer, sous un prétexte d'*intérêt général*, en un pouvoir absolu et discrétionnaire.

Maintenant, Sire, je ne terminerai pas ce rapide aperçu des considérations que je fais valoir dans ma pétition au Sénat à l'appui de la demande que je lui fais de vouloir bien mettre un terme aux atteintes portées aux lois et à la constitution par la jurisprudence actuellement suivie pour le règlement des eaux non domaniales, sans dire un mot de la perte que fait éprouver non-seulement aux riverains, mais encore au Trésor, l'habitude qu'on a aujourd'hui de considérer ces eaux comme *res nullius*, c'est-à-dire comme n'étant la propriété de personne, alors cependant que l'Etat peut aussi y prétendre un droit dans la mesure que je vais indiquer.

Votre Majesté aura remarqué sans doute, dans le rapport de la Commission du Sénat, le passage suivant :

« Nous avons vu quelle est l'étendue des
» cours d'eau non navigables ni flottables. Elle
» excède vingt fois la longueur totale de l'em-
» pire. C'est surtout de leur emploi que dépend
» l'amélioration du sol, le développement des
» prairies.

» Eh bien, qui a le droit de profiter de ces
» cours d'eau ?

» Le riverain seul.

» Et ce droit, si la situation des lieux l'em-
» pêche d'en profiter, il lui est interdit de le
» céder à ses voisins, même de l'étendre aux
» propriétés contiguës dont il se rendrait acqué-
» reur pour les incorporer dans la sienne.

» Que si vous n'êtes pas riverain, votre do-
» maine embrassât-il la presque totalité de la
» vallée, ne fussiez-vous séparé de la rivière que
» par un espace de quelques mètres, par un
» chemin vicinal, vous aurez tous les inconvé-
» nients du voisinage sans compensation aucune.
» Vous supporterez le fléau des inondations,
» vous serez obligé de contribuer aux frais de
» curage, à l'entretien des digues. Vous verrez
» périr vos récoltes de sécheresse ; cette eau, qui
» les sauverait, qui vous permettrait de répandre
» autour de vous le travail et l'abondance, qui
» dans une année de disette préserverait de la

» famine une population tout entière, cette
» eau coulera improductive sous vos yeux, sans
» qu'il soit donné à aucun pouvoir de vous au-
» toriser à vous en servir :

   » Car vous n'êtes pas riverains : telles sont nos
» lois ! »

La Commission du projet de Code rural se
trompe, car si l'interprétation qu'elle donne de
l'article 644, qui est celui qui règle dans le Code
le mode d'occupation des eaux non domaniales,
mène à l'absurde, et s'il est possible de lui donner
une autre signification, parfaitement conforme
aux intérêts de l'agriculture et de l'industrie,
pourquoi ne pas l'adopter?

Or cet article 644 est ainsi conçu :

   « *Celui dont la propriété borde une eau cou-*
» *rante autre que celle qui est déclarée dépen-*
» *dance du domaine public par l'article* 538, *peut*
» *s'en servir à son passage pour l'irrigation de*
» *ses propriétés.* »

Mais de quelles propriétés s'agit-il, puisque
M. le rapporteur du projet de Code rural dit : que
le riverain ne peut pas même étendre le bénéfice de l'irrigation aux propriétés contiguës dont
il se rendrait acquéreur? Comment se reconnaître dans le dédale et le mouvement perpétuel
de la propriété ? A quelle époque faudrait-il re-

monter pour déterminer l'étendue de terrain que chaque riverain peut arroser? Est-ce à l'époque de la promulgation du Code, ou bien à l'origine des temps? On le voit, la question ainsi posée n'est pas susceptible de recevoir une solution.

N'est-il pas évident qu'il s'agit, dans l'article 644, des propriétés que le riverain a intérêt à arroser, soit parce qu'il en est propriétaire, soit parce qu'il en est le fermier, soit enfin parce qu'il s'est entendu avec son voisin pour lui livrer les eaux qu'il a à sa disposition?

Or, pour bien saisir la pensée des auteurs du Code, il importe de remarquer qu'en traitant du mode de jouissance des eaux dans le chapitre *des servitudes qui dérivent de la situation des lieux,* ces législateurs entendaient, comme l'a dit Portalis dans l'exposé des motifs du Code, RÉTABLIR LES RIVERAINS DANS L'EXERCICE DE LEURS DROITS NATURELS.

Il est vrai que la division des fonds s'oppose à ce que le droit d'occupation des eaux s'exerce aussi complétement qu'on pourrait le désirer; mais si les riverains lèvent eux-mêmes cet obstacle, rien n'empêche que l'eau ne suive sa destination naturelle, qui est de se répandre partout où la disposition des lieux lui permet d'atteindre.

Dans son admirable prévoyance, le Code (art. 644) veut qu'un riverain rende l'eau à son cours

ordinaire après s'en être servi, parce que la détourner de cette direction ne serait point *un droit
dérivant de la situation des lieux*.

Le propriétaire non riverain qui prend l'eau
avec l'autorisation du riverain est donc obligé
de la rendre à l'extrémité inférieure du fonds
qui la lui a fournie. Son droit se confond avec
celui du propriétaire du fonds servant.

Eh bien, si au lieu d'interpréter la loi dans
ce sens, on décide que le riverain seul a droit de
jouir des eaux et qu'il ne peut en étendre l'usage
aux propriétés contiguës, que va-t-il arriver? C'est
que cette faculté n'étant plus un droit naturel,
on sera obligé de convenir que les auteurs du
Code ont eu tort de la classer dans le chapitre
*des servitudes qui dérivent de la situation des
lieux*, car quand on pose un principe, il est bon
de ne pas s'en écarter.

Sans doute, le Code ne reconnaît que le droit
du riverain, mais parce que la propriété de celui-
ci ne peut pas être violée, parce qu'elle n'est pas
tenue de donner passage à l'eau que pourrait
réclamer un propriétaire non riverain [1]. Cependant si on suppose que le riverain consent au

---

[1] La loi de 1845 n'est pas applicable aux propriétés non riveraines.

passage de l'eau, rien ne s'oppose plus à ce que celui qui n'est pas riverain profite du droit qui découle pour lui de la situation des lieux.

Les propriétaires inférieurs ne peuvent avoir à réclamer contre cette jouissance du riverain supérieur, étendue aux fonds qu'il a acquis ou à ceux de son voisin, parce que la règle en cela est le principe de droit naturel *Qui potior loco potior jure*, contre lequel on ne peut pas même invoquer la prescription, vu qu'on ne prescrit pas plus contre un droit naturel que contre un titre.

Et pourtant n'est-il pas effrayant de penser que la jurisprudence actuelle, sans souci de la loi, repose sur des bases aussi erronées que celles indiquées par M. le rapporteur de la commission, et refuse non-seulement au propriétaire qui n'est pas riverain le droit de se servir des eaux avec le consentement du riverain, mais même à ce dernier le droit d'étendre l'irrigation aux fonds qu'il a acquis ?

Maintenant j'arrive à une seconde hypothèse, celle où l'eau est surabondante pour les riverains et pour ceux de leurs voisins qui avec leur consentement peuvent s'en servir sans la détourner de son cours ordinaire.

Faut-il que cette eau s'écoule sans profit

pour personne? Faut-il, comme le dit M. le rapporteur de la commission du Sénat, que tous les
ans plusieurs centaines de millions aillent,
par le non-usage de cet élément précieux, se
perdre au fond des mers ?

Non, évidemment, car l'Etat, à son tour, peut
au moyen de canaux de dérivation disposer de
ce volume d'eau en faveur d'autres localités, aux
conditions qu'il lui plaît d'imposer, attendu
qu'il en est réellement propriétaire, non pas,
comme de l'eau des rivières navigables et flottables, en vertu de l'article 538 du Code Napoléon, mais conformément à l'article 539 du même
Code, qui le met en possession de tous les biens
vacants et sans maîtres.

Or il y a ici une remarque essentielle à faire,
c'est que le gouvernement dispose moins libre-
ment des eaux que lui accorde l'article 538 que
de celles qu'il possède en vertu de l'article 539,
puisque celles-ci étant susceptibles d'appropriation privée, il peut les aliéner et en tirer
par conséquent un parti plus lucratif que de celles
sur lesquelles il ne peut concéder qu'un simple
droit d'usage essentiellement révocable.

Ce n'est pas en effet le fait de la possession
par l'Etat qui rend les rivières inaliénables,
mais bien cette circonstance qu'elles sont consa-

créés à un service d'utilité publique, tel que la navigation ou le flottage.

Mais comment appliquer l'article 539 aux eaux courantes non domaniales ?

Rien n'est plus facile. J'explique, Sire, dans le *Commentaire de notre législation des cours d'eau non navigables ni flottables*, qui est joint à ma pétition au Sénat, que sur les rivières importantes le mode d'emploi des eaux n'est plus le même que sur les petits cours d'eau ou ruisseaux, qu'il n'y a là ni utilité ni possibilité d'élever les eaux de manière à les répandre à la surface du sol, mais que les crues de l'hiver fertilisant le terrain, il suffit pendant l'été que les eaux soient tenues à une certaine hauteur pour entretenir la fraîcheur nécessaire à la végétation. Or l'élévation du niveau des eaux au moyen de barrages suppléant toujours à leur quantité, on pourrait facilement en appauvrir le volume sans grande perte pour l'agriculture.

Mais on ne saurait en dire autant des besoins de l'industrie, dont il faut également respecter les droits. Or, comme il est essentiel qu'une certaine lame d'eau se déverse sur la crête des barrages pour imprimer à la roue d'une usine le mouvement qui lui est nécessaire, on comprend que si on ne veut détourner de cette rivière que la partie des eaux qui ne sert à personne, la hauteur du déversoir du canal de dérivation doit toujours être fixée en raison de la hauteur des barrages de l'usine immédiatement inférieure, c'est-à-dire que la lame d'eau qui s'écoule entre ces deux niveaux doit être suffisante pour le complet roulement des usines qui peuvent exister en cet endroit de la rivière, et c'est sur ce point qu'en cas de contestation les tribunaux pourraient prononcer, d'après l'avis des ingénieurs et les observations des parties, entre les usiniers propriétaires des eaux qui leur sont nécessaires, et l'Etat propriétaire du superflu.

Il est possible que l'administration trouvât plus commode de faire elle-même cette licitation entre l'Etat et les propriétaires d'usines. Mais cette considération, Sire, touchera peu Votre Majesté, évidemment plus disposée à faire respecter les principes qui régissent la propriété, et par conséquent le droit des riverains, qu'à se plier aux convenances de l'administration, ou plutôt de ses ingénieurs.

La règle qu'il ne faut jamais perdre de vue est celle qu'indiquait Portalis quand il disait dans son exposé des motifs du Code sur le titre de la propriété :

« *On a toujours tenu pour maxime que les*

» *domaines des particuliers sont des propriétés*
» *sacrées, qui doivent être respectées par le sou-*
» *verain lui-même.* »

Eh bien! l'administration qui représente le
souverain ne peut pas être juge dans sa propre
cause, et Portalis était dans le vrai quand il ajoutait :

« *L'État est dans ces occasions comme un par-*
» *ticulier qui traite avec un particulier.* »

Or il n'y a pas de raison, dans le cas dont il
s'agit, pour que l'administration s'écarte de ce
principe, et si elle veut lui rester fidèle, l'avantage qu'elle y trouvera sera de pouvoir, sans
froisser le droit individuel, augmenter, *avec pro-*
fit non-seulement pour les propriétaires qui ne
sont pas riverains, mais encore pour le Trésor,
le nombre des grands canaux d'irrigation qui
doivent porter la richesse et l'abondance partout où ils circuleront.

Or ce vaste système de canalisation, votre
gouvernement est aujourd'hui, Sire, à même de
l'entreprendre sur des données aussi exactes que
possible, car en 1846 l'administration a, sur la
demande des conseils généraux, fait étudier par
ses ingénieurs tous les cours d'eau navigables
et non navigables, pour reconnaître leurs volumes
à diverses époques de l'année.

Il ne s'agit donc plus que de mettre à profit ces renseignements pour utiliser toutes les eaux de ces nombreuses rivières qui, au moment des irrigations du printemps, les plus importantes de toutes, fournissent un volume d'eau bien supérieur à celui nécessaire pour la navigation et pour fertiliser les contrées qu'elles traversent.

Aussi, quelles grâces le pays ne rendrait-il pas à Votre Majesté, si ce bienfait des irrigations, il le devait, Sire, à la puissante initiative de votre gouvernement.

Alors, bien loin de trouver que l'application des règles du droit commun aux cours d'eau non navigables ni flottables enlève au rôle de l'administration sur ces cours d'eau quelque chose de son importance, toute personne qui se rendra bien compte de l'action que ses ingénieurs peuvent y exercer sera tentée de dire, comme M. le comte Jaubert :

» *Si j'avais l'honneur d'appartenir au corps*
» *des ponts et chaussées, c'est au service hydrau-*
» *draulique que je donnerais la préférence, en*
» *raison des grands avantages qu'un ingé-*
» *nieur qui comprend bien le but et l'impor-*
» *tance de sa mission peut procurer à son pays*[1]. »

(1) Réflexion tirée d'une notice sur les cours d'eau publiée dans *le Correspondant.*

Si donc, sans toucher au droit de propriété des riverains, ou plutôt en agissant en qualité de propriétaire des eaux qui leur sont inutiles, le gouvernement peut arriver à l'utilisation la plus complète des eaux courantes non navigables, qu'y aurons-nous gagné? C'est que la propriété des eaux reposera sur des bases aussi fixes et aussi immuables que la propriété du sol [1], et qu'alors elle pourra ressortir à ses juges naturels, les tribunaux civils.

Aussi, au milieu des efforts de nos législateurs pour arriver à la solution du problème qui touche aux plus graves intérêts du pays, l'utilisation des eaux et l'amélioration du cours des rivières, ce ne sera pas, Sire, un des titres les moins

[1] « *La propriété du sol,* disait M. le rapporteur de la commission du Sénat, *par sa stabilité même, se prête à des règles fixes et presque immuables; mais les eaux, surtout les eaux courantes, semblent échapper à la puissance de l'homme et ne lui permettre qu'une possession fugitive, comme à tous les propriétaires des terrains qu'elles traversent.*

» *Aussi le pouvoir de l'administration est en quelque sorte discrétionnaire; on ne pourrait le restreindre sans compromettre l'intérêt public.* »

Mais M. le rapporteur ne remarque pas que si l'instabilité et le cours capricieux des eaux étaient un obstacle à ce qu'elles fussent régies par les règles du droit commun, le Code Napoléon, qui ne s'occupe que des choses susceptibles d'occupation privée, n'aurait pas établi, dans le chapitre des droits d'accession, pour le cas où une rivière vient à modifier son cours, des règles qui deviennent alors loi des parties.

glorieux de votre règne d'avoir fait rentrer la jurisprudence, depuis longtemps égarée sur un des
points les plus importants de notre législation,
dans les. bornes qui lui ont été tracées par le
Code Napoléon, dont on ne peut qu'admirer les
sages dispositions sur le régime des eaux et la
parfaite concordance avec les immortels principes de 1789, sur lesquels se trouve fondée la
constitution de 1852.

Daignez agréer, Sire, les sentiments du très
profond respect avec lesquels je suis,

De Votre Majesté,

*Le très humble, très obéissant et très fidèle
serviteur et sujet.*

HENRI DE LAGENARDIÈRE.

Jugy (Saône-et-Loire), le 12 mai 1862.

PÉTITION AU SÉNAT

Dans le but d'obtenir qu'il veuille bien rappeler à l'administration qu'elle commet un abus de pouvoir en disposant discrétionnairement des eaux courantes non domaniales; attendu :

1° Que le système **res nullius** qu'elle leur applique est incompatible avec l'esprit de nos institutions modernes et contraire à la loi ;

2° Que les lois de 1790 et 1791, qu'elle invoque à l'appui de ses règlements d'eau, ne lui donnent qu'une mission de conseil et de conciliation ;

3° Enfin que l'arrêté du Directoire exécutif du 19 ventôse an VI, qu'elle vise également en tête de ses règlements parce qu'elle n'en a pas suffisamment pesé les termes, condamne formellement ses prétentions en disant (art. **XI**), que les riverains des cours d'eau non navigables ni flottables (1) doivent se pourvoir **en justice réglée**, parce qu'ils ont sur ces cours d'eau, dit l'arrêté, **les mêmes droits que la nation** sur les rivières du domaine public.

---

(1) L'arrêté du Directoire appelle ces cours d'eau *des canaux d'irrigation et de dessèchement particuliers.* Voir la raison de cette dénomination dans le chapitre III du Commentaire ci-joint de notre législation des eaux.

Messieurs les Sénateurs,

L'article 25 de la constitution de l'empire ayant mis sous la sauvegarde du Sénat nos libertés publiques, et cette haute assemblée pouvant, aux termes de l'article 29, *maintenir ou annuler tous les actes qui lui sont dénoncés comme incons· titutionnels par les pétitions des citoyens,* permettez-moi de soumettre à vos appréciations les désastreux effets d'une jurisprudence qui, contrairement à tous les principes de notre législation, reconnaît à l'autorité administrative le droit de police des eaux courantes non domaniales, droit que celle-ci, *en raison du caractère non contentieux de ses actes,* ne saurait exercer sans porter atteinte à une des plus précieuses de nos libertés publiques, le droit de propriété des riverains sur les cours d'eau non navigables ni flottables.

C'est la violation de ce droit que signalait en 1842, à la chambre des pairs, M. le comte Pelet (de la Lozère) quand il s'exprimait ainsi :

« Je demande la permission de rappeler à M. le

» ministre des travaux publics les avis du conseil
» d'Etat les plus rapprochés du Code civil et de
» 1789 : il y verra qu'à cette époque, où on res-
» pectait encore les principes de notre révolu-
» tion, le droit de propriété des riverains sur les
» cours d'eau non navigables ni flottables n'était
» pas contesté. On partait de l'abolition de la
» féodalité, et on déclarait qu'elle avait été abolie
» en ceci : *au profit des riverains et non au profit*
» *du gouvernement.* » *(Moniteur* du 10 juin 1842.)

Développer la pensée de ce savant législateur
pour que vous puissiez, par une sage remontrance,
fondée sur une meilleure interprétation de la loi,
ramener les autorités administratives et judiciaires au respect des principes de 1789, auxquels
la constitution de l'empire a entendu rester fidèle,
tel est, Messieurs les Sénateurs, le but de cette
pétition, qu'à cet effet je divise en deux parties.

PREMIÈRE PARTIE.

Mon premier soin sera de faire comprendre,
comme le dit M. Pelet (de la Lozère), que l'abolition
de la féodalité a eu lieu au profit des riverains et
non au profit du gouvernement, parce qu'alors on
reconnaîtra plus facilement que l'espèce de juridiction que les seigneurs exerçaient sur les eaux,
dans l'étendue de leurs fiefs, n'était pas de na-

ture à être transmise à l'administration et se trouve être, suivant l'esprit de nos institutions nouvelles, un des attributs essentiels de l'autorité judiciaire.

DEUXIÈME PARTIE.

La seconde partie de cette pétition est celle qui a plus particulièrement trait à ma réclamation, et celle sur laquelle je solliciterai plus instamment l'attention du Sénat ; parce que c'est là où je combats la prétention qu'aujourd'hui on conteste le moins à l'autorité administrative, celle de faire la police des eaux courantes non domaniales, sinon dans un *intérêt privé*, au moins dans un *intérêt local ou communal*, comme dans le cas où un riverain, par ses ouvrages de retenue des eaux, rend un pays malsain, ou bien dans un *intérêt collectif*, comme dans le cas où un particulier retient les eaux de manière à inonder ses voisins supérieurs, ou les retient de manière à ne pas transmettre à ses voisins inférieurs celles dont ils ont besoin et qu'ils sont en droit de réclamer.

SOMMAIRE DE LA PREMIÈRE PARTIE.

1. Influence des lois abolitives de la féodalité sur le régime des eaux   XV

2. Que l'administration place les riverains dans une condition pire que celle qui leur était faite sous le régime féodal   XIX

3. Insuffisance des moyens proposés par la commission
   du projet de Codé rural pour obvier au mal que
   je signale   XXI
4. Que ce sont les riverains et non pas l'administration
   qui ont été mis aux lieu et place des seigneurs. .   XXIV
5. Impuissance de l'administration comparée à la toute-
   puissance des seigneurs   XXVIII
6. Que le domaine de supériorité que le seigneur exerçait sur le domaine utile des eaux n'était pas de
   nature à être transmis à l'administration . . .   XXX
7. Que l'espèce de juridiction attachée au domaine de
   supériorité du seigneur est devenue un des attributs essentiels de l'autorité judiciaire.   XXXIV
8. Que la commission du projet de Code rural se trompe
   en prenant pour des règlements d'administration
   publique, ceux prescrits par la loi de 1791, qui ne
   peuvent être que des règlements de conciliation .   XXXVIII

INFLUENCE DES LOIS ABOLITIVES DE LA FÉODALITÉ SUR LE RÉGIME DES EAUX.

1. — L'histoire démontre que les nations ont leurs âges aussi bien que les individus, c'est-à-dire leur enfance, leur jeunesse, leur virilité et enfin leur caducité.

Le servage, le vasselage, la liberté et le despotisme sont les quatre conditions qui répondent aux quatre âges que je viens d'indiquer.

Au sortir de la barbarie, le peuple n'a ni les instincts, ni les goûts, ni les besoins d'une nation civilisée. Il subit la loi du plus fort. Sa volonté et ses actes sont enchaînés.

Mais l'homme qui n'est pas libre dans sa per-

sonne ne peut pas posséder le champ qu'il cul-
tive, non plus que le cours d'eau qu'il met à profit ;
aussi, tant que le servage a existé, on ne connais-
sait pas de propriétaires. Le serf n'était qu'un
instrument de travail.

L'abolition du servage changea la nature du
pouvoir des seigneurs, qui ne purent plus dès lors
puiser leur autorité dans un motif d'intérêt per-
sonnel, mais seulement dans l'intérêt des populations relevant de leurs fiefs.

Les serfs devinrent des vassaux, et cette condition nouvelle était la seule qui convînt à un peuple
qui aspirait au bien-être, mais qui n'était pas encore apte à jouir des bienfaits de la vie civile. Trop
de liberté lui aurait été funeste.

Avant d'être complétement émancipé, il devait
passer un certain temps en tutelle, et l'époque de
l'adolescence des peuples se compte par siècles,
comme celle des individus se compte par années.

Sans doute, il fallait que le vassal pût disposer
de son bien toutes les fois que cela pourrait avoir
lieu sans inconvénient. Ainsi, du moment où il
pouvait facilement verser l'eau d'un ruisseau sur
son champ, il convenait qu'il pût en disposer
comme il l'entendrait.

Mais la rivière, qui nécessitait pour lui être utile
des travaux plus considérables que ceux qu'il

pouvait entreprendre, évidemment ne devait pas
lui appartenir au même titre, car le droit naturel
ne s'exerce que sur les choses qu'on a la possibilité d'occuper.

Les coutumes, en donnant aux seigneurs la
faculté de disposer des choses qui seraient restées
sans valeur entre les mains de leurs vassaux, for-
maient donc une législation parfaitement conforme
aux besoins des populations, que l'adoucissement
des mœurs et l'étude du droit romain avaient enfin
pu soustraire aux lois barbares issues du droit de
conquête.

Or, ce temps où le peuple ne jouit pas encore
de sa liberté, c'est le règne de la féodalité. Sans
doute la liberté est une des plus nobles aspirations
de l'homme, et le peuple assez sage pour en jouir
sans excès a atteint un degré de perfection plus
grand que celui dont la volonté et les actes ne sont
pas entièrement libres.

Mais, s'il est vrai de dire qu'anciennement,
avec des goûts et des instincts différents des nôtres,
les populations de nos campagnes ne devaient pas
avoir autant de répugnance qu'on le suppose aujourd'hui pour un régime avec lequel elles pouvaient se reposer sur la sollicitude du seigneur
du soin de pourvoir à leurs besoins, et s'il est
encore vrai d'ajouter que le régime légal des eaux,

tel que les coutumes l'avaient organisé, était basé
sur les besoins des populations comprises dans
l'étendue des fiefs, comme à une époque de
liberté il doit être basé sur les besoins des individus, on sera bien obligé de convenir que le
temps de la féodalité a été une époque de transition
nécessaire pour constituer d'une manière avan-
tageuse l'occupation privée sur certaines natures
de biens, qui ne sont pas à la portée de tout le
monde.

Or, les grands cours d'eau non navigables se
placent au premier rang des choses qui seraient
restées éternellement sans profit pour personne,
avec les constitutions d'un peuple libre.

Quand on pense, en effet, combien peu de riverains seraient aujourd'hui à même d'établir en lit
de rivière les immenses barrages et de creuser les
canaux de dérivation que les seigneurs faisaient
exécuter par corvées lorsqu'il s'agissait de l'établissement d'usines banales, telles que les moulins par
exemple, et quand on songe qu'il est peu d'usines
dont les frais d'établissement ne dépasseraient aujourd'hui de beaucoup la valeur, on est bien obligé
de convenir que la féodalité a créé de grandes
choses que nul autre que les seigneurs n'aurait
pu entreprendre, et n'y aurait-il eu que cette
raison d'incapacité des riverains, qu'elle eût jus-

tifié à nos yeux l'organisation du régime féodal.

Mais quand cette puissante organisation, qui n'était autre chose qu'une association forcée établie sous l'intelligente direction du seigneur, eut rendu au pays d'éminents services, notamment en couvrant nos grands cours d'eau d'une foule d'établissements utiles, bien difficiles à établir dans la condition actuelle de nos lois, nos populations rurales, lasses de cette vie passive qui, il est vrai, ne peut pas être le dernier mot de la civilisation, se soulevèrent et arrachèrent enfin à l'Assemblée constituante ce fameux décret du 4 août 1789, dans lequel devait s'engloutir et disparaître à jamais un régime qui, à une autre époque, avait parfaitement sa raison d'être, et dont les abus ne pourront jamais faire oublier les grandes choses qu'il a produites.

QUE L'ADMINISTRATION PLACE LES RIVERAINS DANS UNE CONDITION PIRE QUE CELLE QUI LEUR ÉTAIT FAITE SOUS LE RÉGIME FÉODAL.

2. — S'il est vrai que l'Assemblée constituante n'avait qu'un but, celui d'émanciper un peuple qui aspirait à la liberté et qu'elle supposait apte à jouir de ses droits civils, d'où vient que l'administration absorberait aujourd'hui à son pro-

fit cette liberté civile acquise par nos pères au prix
de tant de sang et de tant de sacrifices?

L'émancipation proclamée en 1789 consistait
d'abord dans l'abolition des corvées et de tout ce
qui tenait à la servitude personnelle, et ensuite
dans l'affranchissement de la propriété territoriale.

Mais l'autorité administrative devait bien vite
étouffer nos institutions libérales, et, par une fausse
interprétation de la législation actuelle, réduire les
malheureux riverains des cours d'eau non navigables à une condition plus fâcheuse cent fois que
celle qui leur était faite sous l'ancien régime.

Il suffit, pour en être convaincu, de lire les
réflexions suivantes du directeur général des ponts
et chaussées, répondant au préfet de la Vendée,
qui le consultait sur les réclamations de quelques
propriétaires d'usines auxquels, selon son habitude, le gouvernement avait imposé la condition
si dure de non-indemnité en cas de dépossession
pour cause d'utilité publique :

« J'ajoute, au surplus, disait ce haut fonction-
» naire, que la clause qui donne lieu à ces récla-
» mations ne porte éventuellement que sur les
» établissements de nouvelle création, et que, s'il
» s'agissait d'une usine ancienne, à laquelle des
» augmentations ou améliorations quelconques
» auraient été faites, l'article de l'ordonnance

» concernant les réserves faites dans l'intérêt gé-
» néral est rédigé de manière à ne faire porter
» l'obligation que sur les augmentations ou amé-
» liorations, etc.... » *(Lettre du direct. gén. du
11 mai 1829.)*

Qu'est-ce à dire? qu'au nom de l'intérêt général
l'administration aurait aujourd'hui le pouvoir de
grever les propriétaires d'un territoire libre de
conditions plus onéreuses que celles imposées autrefois aux vassaux dont les propriétés étaient banales, c'est-à-dire soumises au ban ou autorité du
seigneur?

Mais cela est tout simplement absurde, et vous
trouverez, Messieurs les Sénateurs, dans la marche
rétrograde du système que je dénonce à votre
haute et bienveillante sollicitude pour les intérêts de
la propriété, quelque chose qui heurte le bon sens
et *perpetuò clamat*, proteste incessamment contre
les atteintes portées aux institutions d'un peuple
libre.

INSUFFISANCE DES MOYENS PROPOSÉS PAR LA COMMISSION DU
PROJET DE CODE RURAL (1) POUR REMÉDIER AU MAL QUE
JE SIGNALE.

3. — Il est bien vrai qu'aujourd'hui on
semble vouloir revenir sur les écarts d'une aussi

(1) Commission du Sénat.

déplorable jurisprudence, et qu'un arrêt récent du
conseil d'Etat (1) déclare nulle et non avenue la
clause de non-indemnité si malencontreusement
insérée dans les règlements administratifs ; et il est
encore vrai d'ajouter que c'est à la commission du
projet de Code rural que revient le mérite d'avoir
provoqué cette mesure d'équité, par une observation qui sans doute est un acheminement vers une
plus juste appréciation des droits des riverains,
mais n'est point encore, comme on va le voir,
l'expression d'une idée juste et dénote le vice des
principes de cette commission.

« *Le riverain*, dit son rapporteur, *qui emploie*
» *comme force motrice les eaux contiguës à sa pro-*
» *priété n'use-t-il pas d'un droit? L'autorisation*
» *qui précède cet emploi n'a-t-elle pas uniquement*
» *pour but d'empêcher que les nouveaux ouvrages*
» *ne nuisent aux tiers? Et si des circonstances im-*
» *prévues rendent le retrait de la concession néces-*
» *saire, pourquoi l'Etat ne paierait-il pas une*
» *indemnité d'expropriation, comme dans tous*
» *les autres cas où, en formant un établissement*
» *d'utilité publique, il a besoin d'une propriété*
» *privée?... etc.* »

Or le côté faible de ce raisonnement n'échap-

___
(1) Affaire de Clermont-Tonnerre, 30 juin 1860.

pera à personne, car il est difficile de comprendre
ce que M. le rapporteur aurait pu répondre au
ministre des travaux publics, quand il défendait
de la manière suivante, devant la chambre des
pairs, la clause de non-indemnité que la commission condamne :

« *Lorsque la question fut débattue au conseil*
» *d'Etat,* disait le ministre [1], *beaucoup de mem-*
» *bres qui inclinaient à penser que les cours d'eau*
» *non navigables ni flottables étaient susceptibles*
» *de devenir des propriétés privées ont voté néan-*
» *moins pour le maintien de la clause, par la*
» *raison que, puisqu'on avait érigé en principe*
» *qu'aucun établissement ne peut exister sans*
» *autorisation, le droit d'autorisation emportait*
» *de lui-même la faculté de la clause, indépen-*
» *damment de la nature du cours d'eau.* »

La logique, comme on le voit, a en droit des
conséquences rigoureuses, et la clause de non-indemnité résulte nécessairement du droit d'autorisation, comme le droit d'autorisation ne peut
lui-même avoir sa source que dans le principe
domanial.

Que répondre, en effet, à l'autorité administrative quand elle vous dit : *Pouvoir autoriser,*

[1] Voir le *Moniteur* du 10 juin 1842.

c'est pouvoir refuser, sans que ce refus puisse donner lieu à un recours par la voie contentieuse?

C'est qu'il est vrai de dire que si le riverain use d'un droit, ce droit est incompatible avec le pouvoir discrétionnaire de l'administration, qui, suivant l'esprit de nos institutions modernes, ne peut disposer *sans indemnité* que des choses qui ont été rangées dans le domaine public.

QUE CE SONT LES RIVERAINS ET NON PAS L'ADMINISTRATION QUI ONT ÉTÉ MIS AUX LIEU ET PLACE DES SEIGNEURS.

4. — Les auteurs du Code Napoléon, Messieurs les Sénateurs, comprenaient autrement que votre commission le droit des riverains.

L'Assemblée constituante ayant aboli le régime féodal, c'est-à-dire le pouvoir que les seigneurs exerçaient anciennement sur les terres et eaux banales de leurs fiefs, les auteurs du Code ne crurent pouvoir rien faire de mieux pour exprimer le droit né pour les riverains de l'affranchissement de la propriété, que de copier à peu près textuellement l'article 206 de la coutume de Normandie, qui formait depuis longtemps à l'égard des eaux le droit commun de la France.

Article 206 de la coutume de Normandie.	Article 644 du Code Napoléon.
Le seigneur peut détourner » l'eau courante en sa terre (1), » pourvu que les deux rives » soient assises en son fief, et » qu'au sortir d'icelui il la re- » mette en son cours ordinaire, » et que le tout se fasse sans » dommage d'autrui. »	« Celui dont la propriété » borde une eau courante autre » que celle qui est déclarée dé- » pendance du domaine public » par l'article 538, peut s'en » servir pour l'irrigation de ses » propriétés. — Celui dont cette » eau traverse l'héritage peut » même en user dans l'intervalle » qu'elle y parcourt, mais à la » charge de la rendre à la sor- » tie de son fonds à son cours » ordinaire. »

Plus on étudie le régime des cours d'eau, et plus on est effrayé moins encore de l'obscurité qui s'est faite sur cette importante question de propriété des eaux, que de l'espèce de parti pris des commentateurs de nos lois de fermer les yeux à la lumière, tellement les raisons qu'ils font valoir à l'appui du pouvoir discrétionnaire de l'administration paraissent vides et dénuées de sens.

Ainsi, par exemple, si le seigneur, en vertu de l'article précité de la coutume de Normandie, n'avait point à subir les exigences de l'autorité admi-

---

(1) Cette expression *en sa terre* avait dans l'esprit des coutumes un sens plus général, et devait s'entendre non des terres comprises dans le domaine particulier du seigneur, mais de tout le territoire compris dans l'étendue de son fief.

Anciennement les seigneurs possédaient les eaux comme ils possédaient les chemins, c'est-à-dire pour le plus grand avantage

nistrative, pourquoi le riverain y serait-il assujetti
en vertu de l'article 644, rédigé exactement dans
le même sens?

Celui-ci a donc, en vertu de cet article, le droit
de faire, dans l'intérieur de sa propriété, les mêmes
travaux d'art ou ouvrages de retenue que le seigneur pouvait exécuter ou permettre à ses vassaux
d'exécuter dans l'enceinte de son fief; seulement,
comme une propriété n'a pas l'étendue d'un fief, le
riverain a infiniment moins de facilité pour profiter
des avantages du cours d'eau qu'anciennement le
seigneur n'en avait pour en faire profiter ses vassaux.

Ainsi, par exemple, il n'est pas possible à un
particulier de faire passer à travers les propriétés
de ses voisins le canal d'amenée d'un moulin,
comme il aurait été loisible au seigneur de le faire
à l'époque où cet établissement, en raison de sa
banalité, c'est-à-dire de ce qu'il était d'utilité commune aux habitants du fief, pouvait être établi par

de tous. Ainsi quand Loisel dit dans ses *Institutes*, liv. II, tit. II,
régl. 6 : « *Les petites rivières et* CHEMINS *sont aux seigneurs*, »
évidemment il n'entendait pas dire par là que les seigneurs
eussent la faculté de distraire de leur destination et de disposer
pour tout autre usage des voies de communication utiles au
public. L'autorité des seigneurs se bornait à aider à l'établisse-
sement et à l'entretien des chemins, comme elle se bornait aussi
à aider les riverains à tirer des cours d'eau le meilleur parti
possible.

voie d'expropriation et à l'aide des corvées dont disposait le seigneur.

Eh bien ! c'est ce droit d'expropriation et ce pouvoir de coaction qui appartenaient au seigneur pour la création des usines banales, droit et pouvoir qu'il ne pouvait exercer toutefois que dans les limites de son fief, qui n'existe plus de nos jours.

Nul ne saurait contester que l'organisation du régime féodal n'eût sur celle du régime actuel un avantage immense, celui de favoriser la création de la plupart des établissements hydrauliques, qu'il est devenu très difficile de former dans la condition actuelle de nos lois.

Mais cet avantage ne pouvait pas compenser, pour les riverains, le désagrément de n'avoir pas des propriétés franches, et l'abolition du régime féodal en a été la conséquence.

Pourtant, qu'est devenue cette liberté que nos pères préféraient aux avantages de l'ancien régime? Il est facile de s'en rendre compte en lisant la lettre du directeur général des ponts et chaussées que j'ai citée plus haut, et de laquelle il résulte que l'autorité administrative, substituant le système *res nullius* au régime des banalités, absorbe aujourd'hui complétement le droit des riverains et n'entend plus leur concéder qu'à titre précaire les eaux dont ils jouissaient anciennement à titre de propriété. Encore si l'administration pouvait faire pour eux ce que faisaient les seigneurs, mais ce qu'il y a à la fois de plus piquant et de plus fâcheux dans l'usurpation qu'elle commet, c'est qu'elle n'a pas, comme on va le voir, la possibilité d'entreprendre pour l'utilisation des eaux, ce que les lois féodales permettaient au seigneur d'exécuter.

IMPUISSANCE DE L'ADMINISTRATION COMPARÉE A LA TOUTE-PUISSANCE DES SEIGNEURS.

5. — Il est bien clair que l'administration ne peut pas faire aujourd'hui sur les rivières non navigables ni flottables, dans l'intérêt des particuliers, ce que le seigneur pouvait faire dans l'intérêt de ses vassaux. Ainsi elle n'aurait pas la faculté de diriger à travers les fonds riverains le canal d'amenée d'une usine, comme le seigneur aurait été libre de le faire au temps où cet établissement avait un caractère de banalité.

En raison de la banalité des usines, abolie par la loi du 15 mars 1790, le seigneur employait à l'exécution et à l'entretien des barrages, digues, chaussées, etc., les habitants corvéables de son fief, tandis que l'autorité administrative ne pourrait pas faire concourir les propriétaires d'une localité à l'établissement d'un moulin par exemple, dont l'exploitation est aujourd'hui une industrie libre.

Le seigneur percevait sur les usines une redevance qu'on appelait droit d'acensement; c'était une sorte de rémunération des avantages qu'il procurait à ses vassaux sur un bien dont ceux-ci n'auraient guère pu profiter sans son concours et son intelligente direction. Aujourd'hui, l'Etat ne jouit de ce privilége que sur les rivières consacrées à la navigation ou au flottage.

Le seigneur avait seul la jouissance du droit de pêche, et à cet effet les francs-bords du cours d'eau devaient rester libres. Aujourd'hui que le riverain peut, conformément à l'article 644 du Code Napoléon, enclore la rivière dans son domaine et intercepter la circulation sur ses bords, c'est en vain que l'Etat réclamerait le droit de pêche, que la loi du 15 avril 1829 n'aurait pas été libre de refuser aux riverains, par cet irréfutable motif que si le riverain a la faculté d'enclore la rivière dans son domaine et par là d'en défendre l'accès, nul ne peut y prétendre un droit.

Mais si l'administration ne peut pas avoir dans un Etat libre le droit de coaction, que les coutumes donnaient au seigneur pour l'établissement des usines banales, n'a-t-elle pas au moins hérité des attributions de police attachées au pouvoir féodal?

Pas davantage, car elle ne pourrait, comme on

va le voir, qu'absorber le droit de propriété des
riverains que le seigneur était tenu de respecter.

QUE LE DOMAINE DE SUPÉRIORITÉ QUE LE SEIGNEUR EXERÇAIT SUR LE DOMAINE UTILE DES EAUX N'ÉTAIT PAS DE NATURE A ÊTRE TRANSMIS A L'ADMINISTRATION.

6. — Le pouvoir qu'exerçaient les seigneurs
dans l'étendue de leurs fiefs était connu anciennement sous le nom de *domaine direct ou de supériorité du fief*, et comme par le fait ce n'était
qu'un simple pouvoir de supériorité, qui n'absorbait point la propriété de ses vassaux, maintenue
entre leurs mains sous le nom de *domaine utile*,
il en résulte que le pouvoir féodal n'était en définitive qu'un droit négatif, *jus negativum*, comme
l'appelait Ferrerius. Aussi n'était-il pas de nature à
empêcher la prescription ; ce que M. Garnier
constate en ces termes [1] :

« Lorsqu'un établissement avait existé pendant
» le temps de la prescription sans trouble, sans
» donner lieu à aucune réclamation de la part du
» seigneur ni des riverains, il était suffisamment
» démontré par leur silence que le nouvel établis-
» sement ne pouvait leur nuire : toute propriété
» pouvant s'acquérir par la prescription, le pro-

_____

[1] Régime des eaux, 2e édition, t. II, p. 237.

» priétaire avait acquis par ce moyen, *contre le*
» *seigneur* et les riverains, le droit de le conser-
» ver tel qu'il était. »

Le domaine de supériorité du seigneur se con-
fondait, dans le cas particulier, avec le domaine
utile du vassal, pour ne former ensemble qu'un
droit de propriété, contre lequel la prescription
pouvait s'établir aussi bien que contre une propriété franche ou allodiale.

Mais comment, si on pouvait prescrire anciennement contre le droit du seigneur, ne peut-on pas
le faire aujourd'hui à l'encontre d'un règlement
administratif?

C'est par la raison bien simple que la condition
des propriétés n'est plus la même que sous l'ancien régime: il n'y a plus maintenant de propriétés
banales, il n'y a, suivant l'esprit de nos institutions
modernes, que des propriétés publiques, dont le
caractère distinctif est d'être inaliénables et imprescriptibles, et des propriétés privées, qui sont
essentiellement aliénables et soumises à la prescription.

Or, si on veut bien faire attention que l'administration est aujourd'hui nantie d'un pouvoir absolu
sur les propriétés publiques, et non pas seulement
de l'espèce de contrôle que le seigneur exerçait
sur les propriétés de ses vassaux, ce qui fait qu'on

ne saurait sur les rivières domaniales invoquer la prescription contre les actes administratifs, comme on pouvait le faire sur les rivières banales contre les actes du seigneur, on reconnaîtra bien vite que l'administration commettrait un abus d'autorité en étendant son pouvoir absolu sur les cours d'eau qui ont été laissés par la loi dans le domaine des particuliers. Ces cours d'eau, comme tous les biens susceptibles d'appropriation privée, sont aujourd'hui sous la sauvegarde des tribunaux.

Du reste, c'est une bien grande erreur de croire que le seigneur était anciennement chargé de la police des eaux, et que le gouvernement a dû lui succéder dans l'exercice de ce droit.

La police des eaux, sous l'ancien régime, n'a jamais cessé d'appartenir à l'autorité judiciaire, qui pouvait connaître de tout dommage causé par les seigneurs aux propriétaires riverains, ainsi que le constate l'article des coutumes qui réglait sur ce point le droit féodal.

Cet article, que j'ai déjà cité, disait, il est vrai : « *Le seigneur peut détourner l'eau courante, pourvu* » *que les deux rives soient assises en son fief, et* » *qu'au sortir d'icelui, il la remette en son cours* » *ordinaire;* » mais, comme il ajoutait : « ET QUE » CELA SE FASSE SANS DOMMAGE D'AUTRUI, » il s'ensuit que ce propriétaire de fief restait vis-à-vis de ses vassaux responsable du dommage qu'il pouvait leur causer.

Or, comme cette responsabilité est inconciliable avec le pouvoir discrétionnaire que revendique l'autorité administrative et qui, par le fait, est le premier attribut du droit de police, il faut bien reconnaître que cette autorité n'a rien à prétendre sur ce point dans l'héritage des seigneurs.

C'est qu'en effet le domaine de supériorité que ceux-ci exerçaient sur les eaux ne comportait que deux attributions, que leur caractère essentielle-ment féodal a fait disparaître sans retour.

La première, c'était l'obligation pour le seigneur de pourvoir convenablement son fief de moulins et généralement de toutes les usines qui servaient à l'exploitation des industries banales, c'est-à-dire des industries reconnues par les coutumes être d'u-tilité commune aux habitants du fief. La seconde, c'était cette autre obligation pour le seigneur de mettre à la portée de tout le monde les eaux des rivières qui ne pouvaient être utilisées qu'à l'aide d'un grand concours de bras, c'est-à-dire au moyen des corvées qu'il avait à sa disposition.

Or, la faculté d'élever les eaux au moyen de digues, barrages ou autres travaux trop impor-tants pour être exécutés par de simples particu-liers, se trouvant exclusivement dans le domaine

c

du seigneur, c'est lui naturellement que les lois
féodales rendaient responsable du dommage que
l'exhaussement des eaux et la direction qu'il leur
donnait pouvait causer aux propriétés riveraines.

Seulement, on le conçoit, cette responsabilité du
seigneur n'était point personnelle; c'était celle de la
communauté d'habitants qui profitaient des établissements banaux, et l'obligation pour ce propriétaire de fief de prendre toutes les mesures nécessaires pour faciliter l'écoulement des eaux n'était
que la conséquence inévitable de la faculté qu'il
avait exclusivement de faire établir des ouvrages
de retenue en lit de rivière.

QUE L'ESPÈCE DE JURIDICTION ATTACHÉE AU DOMAINE DE SU-PÉRIORITÉ DU SEIGNEUR EST DEVENUE UN DES ATTRIBUTS ESSENTIELS DE L'AUTORITÉ JUDICIAIRE.

7. — Les cours d'eau ayant été affranchis de
la domination des seigneurs, les riverains se sont
trouvés, en vertu du droit d'accession, propriétaires
du lit des rivières non navigables et de tout ce
qu'il renferme, tel que les îles, les alluvions, etc.

Ils étaient bien aussi propriétaires de l'eau; car,
comme le dit l'article 552 du Code Napoléon : « *La*
» *propriété du sol emporte la propriété du dessus*
» *et du dessous.* »

Mais en raison du danger qu'il peut y avoir d'opposer un obstacle au libre cours des rivières, le législateur a dû soumettre l'usage de l'eau aux restrictions prévues par ce même article 552, dont le second § est ainsi conçu :

« *Le propriétaire peut faire, sur le sol qu'il pos-* » *sède, toutes les constructions qu'il juge à propos,* » SAUF LES EXCEPTIONS ÉTABLIES AU TITRE DES SERVI- » TUDES ET SERVICES FONCIERS. »

Or, nous trouvons précisément inscrites sous ce titre, dans le chapitre *des servitudes qui dérivent de la situation des lieux,* toutes les modifications apportées par la loi au droit absolu de propriété des eaux.

D'où il suit que la police des cours d'eau, dont l'autorité judiciaire a été naturellement chargée, depuis l'origine du droit de propriété, n'a subi, lors de l'abolition des coutumes, d'autres changements que ceux résultant nécessairement de la suppression, *au profit des riverains,* des droits et prérogatives du domaine direct ou de supériorité du seigneur.

Ainsi, en comparant l'article 206 de la coutume de Normandie à l'article 644 du Code Napoléon, on voit qu'au regard de l'autorité judiciaire, la responsabilité du seigneur se trouvait engagée par rapport aux propriétaires de fiefs inférieurs exac-

tement de la même manière que la responsabilité
d'un riverain se trouve aujourd'hui engagée à
l'égard de ses voisins inférieurs; puisque le premier était obligé de remettre les eaux en leur lit
naturel à l'extrémité de son fief, comme le riverain
est aujourd'hui forcé de les rendre à leur cours ordinaire à la sortie de sa propriété.

Mais la police des cours d'eau est-elle aujourd'hui
aussi facile à faire entre les riverains qu'anciennement entre les seigneurs ? Non, évidemment, car
sous l'ancien régime le droit d'élever le niveau des
eaux des rivières banales et de les détourner au
moyen de canaux de dérivation à travers les terres
de la mouvance du fief étant une des prérogatives
de la directe seigneuriale, toutes les questions qui
s'y rattachaient ressortaient à la juridiction des seigneurs, ce qui simplifiait singulièrement la tâche
des tribunaux civils.

Or, il faut n'avoir plus aujourd'hui la conscience
de ce qui s'est fait en 1789 pour supposer que
l'Assemblée constituante, qui évidemment n'avait
qu'un but en supprimant la féodalité, celui d'affranchir les propriétés banales, ait pu avoir l'idée de
faire passer ces mêmes propriétés de la main des
seigneurs, dont le droit, comme on l'a vu, était ren-
fermé dans des limites assez restreintes, dans celle
de l'autorité administrative, qui par la nature même

de ses attributions, est forcément amenée à considérer comme non susceptibles d'appropriation privée toutes les natures de propriétés dont on lui confie la surveillance et la direction.

FAUSSE APPRÉCIATION, PAR LA COMMISSION DU PROJET DE CODE RURAL, DU CARACTÈRE DES RÈGLEMENTS PRESCRITS PAR LA LOI DU 6 OCTOBRE 1791.

Mais si la commission du projet de Code rural n'avait pas perdu de vue l'œuvre d'émancipation que poursuivait l'Assemblée constituante, elle se serait bien vite aperçue qu'en abolissant *le domaine de supériorité* que le seigneur exerçait sur *le domaine utile* de ses vassaux, cette assemblée n'avait fait, sur les rivières ci-devant banales, que transmettre à ceux-ci le droit du seigneur, d'en changer le niveau, et elle aurait compris que c'était pour satisfaire aux exigences de police de cette nouvelle condition des eaux que la loi du 24 août 1790, *sur l'organisation judiciaire*, chargeait les tribunaux civils de connaître non plus comme autrefois des entreprises des seigneurs sur les cours d'eau, mais bien de celles des riverains affranchis de leur tutelle, ou, en d'autres termes, *rétablis*, comme le disait Portalis, *dans l'exercice de leurs droits naturels.*

Et si la commission du Sénat ne s'était point ainsi méprise sur les effets de l'abolition du régime féodal, elle se serait indignée à bon droit des écarts d'une jurisprudence en vertu de laquelle l'administration, non-seulement fait revivre en sa faveur les prérogatives *du domaine de supériorité,* mais encore absorbe celles *du domaine utile* à ce point de prétendre que ses actes, en matière de règlement d'eau, ne sont pas susceptibles d'être attaqués par la voie contentieuse.

Et sur quoi l'administration appuie-t-elle une pareille prétention? Sur la loi du 6 octobre 1791, qui charge, il est vrai, le directoire du département (aujourd'hui le préfet) de fixer la hauteur d'eau des établissements hydrauliques.

Mais pour interpréter ainsi cette loi, il ne faut tenir aucun compte des prescriptions de celle du 20 août 1790, qui dit :

« *Les administrations de département ne peuvent* » *faire ni décret, ni ordonnance,* NI RÈGLEMENT. »

Or, c'est ici le lieu de remarquer que si l'Assemblée constituante choisissait dans la hiérarchie administrative, pour fixer la hauteur d'eau des établissements hydrauliques, une autorité qui n'a pas qualité pour faire des règlements, c'est précisément afin que les riverains, privés du concours utile mais asservissant du seigneur, pussent exercer en

connaissance de cause leur nouveau droit de libre
disposition des eaux, et afin que l'autorité judiciaire, appelée par la loi du 24 août 1790 à juger
leurs contestations, pût trouver aussi dans le travail
des ingénieurs de l'administration les documents
propres à l'éclairer sur les questions d'art et de
science hydraulique qui, en matière de règlement
d'eau, se mêlent habituellement aux questions de
droit.

SOMMAIRES DE LA DEUXIÈME PARTIE.

ART.   PAGES.

9. DE L'INTÉRÊT PUBLIC GÉNÉRAL. Qu'il entraîne nécessairement la domanialité et que par conséquent
l'administration ne peut en son nom disposer *discrétionnairement* et *sans indemnité*, par voie de
police ou autrement, que des cours d'eau qui ont
été rangés dans le domaine public   XLIII

10. DE L'INTÉRÊT PUBLIC LOCAL, OU SECONDAIRE. Qu'il ne
nécessite pas, comme l'intérêt public général, l'attribution au domaine des eaux courantes auxquelles il s'applique et n'excède pas dès lors la
compétence des tribunaux civils   LX

11. DE LA POLICE DES COURS D'EAU NON NAVIGABLES NI FLOT-
TABLES, de ceux, par conséquent, sur lesquels les
entreprises des riverains ne sauraient porter atteinte à l'intérêt public général, mais seulement
à l'intérêt public local ou secondaire.—Qu'il y a
sur ces cours d'eau deux sortes de police à exercer, l'une répressive et l'autre conservatrice . .   LXXXVI

12. DES MESURES DE POLICE RÉPRESSIVE. Qu'elles sont ex-

ART.   PAGES.

clusivement de la compétence des tribunaux civils lorsque la décision judiciaire à intervenir ne
peut pas froisser l'*intérêt public local*, mais que
dans le cas où cet intérêt est en jeu, *comme quand
il s'agit de modifier la hauteur des eaux d'une rivière*, le préfet doit d'abord donner, dans une enquête publique, l'éveil à tous les intérêts, et même
tenter entre les riverains un règlement amiable
pour leur éviter les frais et les lenteurs du règlement judiciaire à intervenir, lequel dès lors ne
doit avoir lieu qu'à défaut de conciliation des
parties devant l'autorité administrative . . .   LXXIX

13. EMBARRAS QUE L'ADMINISTRATION SUSCITE AUX TRIBU-
NAUX quand elle veut appliquer elle-même les
mesures de police répressive sur les rivières non
domaniales, et ce qu'il advient de la réserve des
droits des tiers, par laquelle elle pense alors donner à la propriété les garanties qui lui sont dues .   XCV

14. DES MESURES DE POLICE CONSERVATRICE. Qu'elles sont,
il est vrai, exclusivement de la compétence de
l'autorité administrative, mais peuvent toujours
donner lieu à un recours par la voie contentieuse.   CVII

15. DU FAIT DU PRINCE. Qu'il doit cesser d'être considéré
comme un acte légal, parce qu'il n'est autre
chose que le droit que s'est attribué le gouvernement de faire, à la faveur du système *res nullius*,
la police de certaines natures de propriétés qui,
comme les cours d'eau non navigables, ont été
laissées par la loi dans le domaine des parti··"·· s.   CXVII

16. DU SYSTÈME RES NULLIUS. Origine et échec de ce système, au nom duquel se commet *le fait du prince*.   CXXIII

17. TRISTES EXEMPLES DU FAIT DU PRINCE et fâcheuse
condescendance de l'autorité judiciaire pour les
actes connus en justice sous ce nom   CXXXIII

18. MOTIF D'URGENCE qui fait que le Sénat ne saurait
différer de prendre en considération les observations de cette pétition   CXXXIX

DE L'INTÉRÊT PUBLIC GÉNÉRAL.

L'intérêt public, voilà le grand mot que l'administration tient suspendu comme une épée de Damoclès sur la tête des riverains de tous les cours d'eau sans exception, oubliant qu'elle n'a pas plus de raison d'opposer, sur les rivières non domaniales, l'intérêt public au droit individuel, que les particuliers ne pourraient en avoir d'opposer leurs propres intérêts à l'intérêt général sur les rivières qui ont été rangées parmi les dépendances du domaine public.

Il faut bien faire attention que, si le territoire est aujourd'hui partagé en deux grandes divisions, la propriété domaniale et la propriété privée, et que si la loi ne reconnaît en faveur des particuliers que de simples droits d'usage essentiellement révocables sur les biens de la première catégorie, c'est afin de laisser à l'administration toute latitude pour administrer comme elle l'entend et sans contrôle de la part de l'autorité judiciaire les différentes natures de biens qui ne peuvent, sans danger pour l'ordre social, être laissés à la disposition des particuliers.

Ainsi on ne saurait raisonnablement contester au gouvernement le droit de disposer d'une manière absolue des eaux des rivières consacrées à la navigation ou au flottage, puisqu'en raison de ce service d'utilité générale, ces rivières ont été classées parmi les dépendances du domaine public. Là le gouvernement peut, quand il le juge convenable, porter atteinte à la jouissance des particuliers, sans que ses actes puissent donner lieu à un recours par la voie contentieuse, parce que cette voie n'est ouverte qu'à celui qui peut appuyer sa réclamation sur une prétention de propriété.

Mais le principe domanial, *le seul*, remarquez-le bien, Messieurs les Sénateurs, *au nom duquel l'administration puisse modifier* SANS INDEMNITÉ *le mode de jouissance des particuliers*, sied-il aussi bien aux exigences des intérêts qui s'agitent sur les rivières uniquement consacrées à des usages privés ou locaux? Est-il donc nécessaire, pour éviter toute contestation sur l'usage des eaux, d'admettre que nul n'y ayant aucun droit, l'État en est propriétaire, et qu'en cette qualité, non-seulement il peut rendre précaire l'existence des usines et la valeur des prairies, en leur retirant l'eau qui leur est indispensable, mais qu'il peut encore disposer de ces eaux, comme tout propriétaire dispose de sa chose, en ne les cédant que moyennant une redevance?

Le remède et les précautions, on en conviendra, seraient pires que le mal.

Il est bien vrai que l'autorité administrative ne pousse pas ses prétentions jusque-là; et que, ne considérant nullement ces eaux comme domaniales, elle ne cherche pas à en faire un profit. Mais, lors même qu'elle n'y prétend qu'un droit de police, il n'en est pas moins vrai que ce droit a une origine vicieuse, car l'administration le puise dans une condition des eaux qui ne saurait exister depuis l'affranchissement de la propriété.

Ces eaux, dit-elle, sont chose commune ou *nullius.*

Or, c'est en cela qu'elle commet une grave erreur; elle invoque pour les besoins de sa cause un système qu'elle ne trouve point dans la loi, parce qu'il est incompatible avec l'esprit de nos institutions modernes, et en le préconisant, elle oublie en quels termes sont conçus, soit l'article 2 de la loi du 1er décembre 1790, soit l'article 538 du Code Napoléon, qui ne laissent aucune place au système *res nullius,* en disant l'un et l'autre :

« *Les rivières navigables et flottables, les....*
» ET GÉNÉRALEMENT TOUTES LES PORTIONS DE TERRI-
» TOIRE QUI NE SONT PAS SUSCEPTIBLES DE PROPRIÉTÉ,
» *sont considérées comme des dépendances du do-*
» *maine public.* »

Autrefois, il est vrai, on reconnaissait en droit trois sortes de propriétés, parce qu'il existait trois sortes d'intérêts : 1° l'intérêt public, au nom duquel se constituaient les propriétés domaniales, plus généralement connues sous le nom de propriétés royales, parce que c'est dans la personne du roi que se personnifiaient alors les droits de la nation ; 2° l'intérêt local ou du fief, au nom duquel se constituaient les propriétés banales ou seigneuriales, parce que c'est dans la personne du seigneur que se personnifiaient les droits de la communauté d'habitants qui vivaient à l'ombre de sa puissance tutélaire ; 3° enfin l'intérêt privé, au nom duquel se constituaient les propriétés franches ou allodiales, c'est-à-dire non soumises au domaine direct ou de supériorité du seigneur.

Mais depuis l'abolition de ce domaine, qui a eu pour résultat d'affranchir les propriétés banales, deux intérêts seulement se partagent le monde, l'intérêt public et l'intérêt privé. Ce qui fait qu'il n'existe aujourd'hui que deux natures de propriétés, des propriétés publiques et des propriétés privées ; les premières devant être laissées à l'entière disposition du gouvernement, et les autres à l'entière disposition des particuliers, dont les actes échappent par conséquent au contrôle de l'administration pour n'être soumis qu'à celui de l'autorité judiciaire, chargée exclusivement de la police des propriétés privées, qu'elles soient entre les mains de l'Etat ou des particuliers, car l'Etat peut, comme on va le voir, posséder aussi à titre privé, ce qui fait que nous aurons une distinction essentielle à établir entre le domaine public, qui est inaliénable, et le domaine de l'Etat, qui ne l'est pas.

Or, le système *res nullius* n'ayant pu succéder au régime des banalités, l'administration ne peut pas aujourd'hui faire la police des eaux à un point de vue d'intérêt général, comme anciennement le seigneur la faisait à un point de vue d'intérêt local.

Faite uniquement dans l'intérêt des habitants du fief et seulement pour suppléer à l'impossibilité où auraient été ceux-ci de tirer de certaines natures de propriété, des rivières par exemple, tout le parti qu'elles peuvent offrir, la police du seigneur gênait déjà les particuliers dans l'exercice de leurs droits, et c'est pour cela que la propriété territoriale a été affranchie; mais, faite à un point de vue d'intérêt général, la police de l'administration place, comme on a pu le voir (XIX, *art.* 2), les riverains dans une condition pire cent fois que celle qui leur était faite sous le régime féodal.

Aussi n'aurais-je pas de peine à démontrer que l'administration, qui n'a pas qualité pour connaître des questions de propriété, commet un abus de

d

pouvoir quand elle prétend faire, *sous un prétexte d'intérêt général*, la police des eaux qui, bien que consacrées à des usages privés, auraient été rangées dans le domaine public, si réellement elles avaient dû être laissées à la disposition et sous la surveillance du gouvernement.

Aussi la jurisprudence actuelle ne s'est-elle établie qu'à l'aide d'une fausse interprétation des principes et des termes de notre législation, interprétation sur laquelle il importe, Messieurs les Sénateurs, que vous fixiez votre attention.

J'ai cité en tête de cette pétition l'observation si juste du comte Pelet (de la Lozère), qui en 1842 faisait remarquer, devant la Chambre des pairs, au ministre des travaux publics, que lors de la confection du Code Napoléon le droit de propriété des riverains sur les cours d'eau non navigables n'était pas contesté, et qu'on parlait alors de l'abolition de la féodalité en disant qu'elle avait été abolie en ceci, *au profit des riverains et non au profit du gouvernement.*

Eh bien ! c'est ce que l'administration ne veut pas admettre aujourd'hui, et tout le vice de sa jurisprudence vient de ce qu'elle suppose le domaine de supériorité du seigneur aboli à son profit.

Il est vrai que dans cet ordre d'idées les propriétés auraient dû passer de la condition de banalité à celle de domanialité. Mais, comme les tentatives pour faire prévaloir le principe domanial ont toujours échoué devant la haute raison de nos assemblées législatives, il a bien fallu que l'administration cherchât ailleurs la raison de son pouvoir; et c'est, comme on le verra dans le chapitre Ier du *commentaire ci-joint de notre législation des eaux,* à l'aide d'une fausse interprétation des lois de 1790 et de 1791 qu'elle a pu préconiser le système *res nullius* et faire passer dans ses attributions la police des eaux courantes non domaniales.

Le véritable sens de ces lois n'était pourtant pas difficile à saisir, et certainement l'autorité judiciaire, que l'administration dépouillait d'une partie de ses attributions, au grand préjudice des intérêts que celle-ci prétendait régler, ne se serait pas laissé enlever si facilement une de ses plus utiles prérogatives si elle avait mieux saisi le sens de l'article 714 du Code Napoléon, dans lequel malheureusement elle a cru voir une reconnaissance implicite des droits que s'attribuait l'administration en vertu des lois dont je viens de parler.

Or, cet article 714 est ainsi conçu :

« *Il est des choses qui n'appartiennent à per-*
» *sonne, et dont l'usage est commun à tous; des*
» *lois de police règlent la manière d'en jouir.* »

Il est fâcheux que tout le monde se soit laissé prendre aux apparences trompeuses de cette désignation un peu vague.

« La division créée par l'article 714 , dit » M. Dufour [1], répond si exactement à la des- » tination assignée par la nature aux rivières » non navigables, et fournit une explication si sim- » ple de l'omission de ces cours d'eau dans l'énu- » mération des dépendances du domaine public , » que c'est là la condition qu'il faut leur assigner. »

M. Dufour se trompe, l'article 714 est inappli- cable aux parties de rivières qui ne sont ni doma- niales ni communales, et voici sur ce point quel- ques explications qui ne seront pas superflues.

Le lit d'une rivière fait essentiellement partie du territoire, et l'eau, en vertu de l'article 552 du Code, qui dit « *que la propriété du sol em-* » *porte la propriété du dessus et du dessous,* » suit non moins essentiellement la condition du ter- rain sur lequel elle coule. C'est le cas de dire avec le savant Proudhon , *qu'un cours d'eau n'est pas une chose en l'air.*

Mais il ne faut pas oublier que les parties du territoire qui, comme le lit des cours d'eau non navigables ni flottables, n'ont pas été rangées dans

_____

[1] *Police des eaux,* p. 258.

le domaine public, ne sauraient être comprises au nombre des choses dites *nullius* dont parle l'article 714, parce que dans cette condition elles ne formeraient plus des propriétés franches et libres, et que la propriété territoriale ne peut réellement jouir du privilége d'affranchissement proclamé en 1789 qu'à la condition d'être entièrement dans les mains de l'État, ou entièrement à la disposition des particuliers.

On ne doit pas oublier, en un mot, qu'il ne peut pas y avoir dans notre nouvelle organisation sociale *des propriétés privées soumises au pouvoir discrétionnaire de l'administration.*

C'est cette condition mixte qui est incompatible avec l'esprit de nos institutions modernes.

Mais aussi il faut remarquer que les lois qui rejettent le système *res nullius* (loi du 1ᵉʳ déc. 1790 et art. 538 du Code), ne concernent que la propriété territoriale : « *Toutes les portions du ter-* » *ritoire,* disent-elles (c'est comme si elles disaient » TOUS LES BIENS IMMEUBLES) *qui ne sont pas suscep-* » *tibles d'appropriation privée, sont considérées* » *comme des dépendances du domaine public.* »

Cette règle, comme on le voit, ne souffre pas d'exception, en raison, je le répète, du principe d'affranchissement de la propriété territoriale.

Mais le mode d'occupation des choses qui sont

à l'usage des habitants d'une commune ou bien
à l'usage de tout le monde, précisément parce
qu'elles se trouvent sur des propriétés appartenant
à une commune ou à l'Etat, ne pouvait pas être
réglé par le Code, mais par des arrêtés de police
municipale ou administrative.

Or, c'est là tout simplement ce qu'a voulu dire
l'article 714; et on ne saurait en douter si on
veut bien faire attention que cet article n'existait
pas dans le projet présenté par le comité de législation du conseil d'Etat, et qu'il ne fut inséré dans
le Code que sur les observations suivantes de la
cour d'appel de Paris.

« Est-ce qu'un particulier, disait cette Cour, qui
» va puiser de l'eau à la rivière, n'acquiert pas le
» domaine de l'eau qu'il y a puisée? Les pierres,
» les coquillages qu'on ramasse sur les bords de
» la mer, n'appartiennent-ils pas à celui qui s'en
» saisit? »

Ne sait-on pas, aussi, que parmi les objets
qui sont chaque jour jetés sur la voie publique,
il en est plusieurs qui ont leur utilité, et dont la
recherche constitue dans les grandes villes une
industrie spéciale ?

Eh bien ! le mode d'occupation de ces différentes
choses devait évidemment être déterminé par
des règlements de police, étrangers au Code Na-

poléon, parce que ce Code ne règle que l'emploi des choses dites *res singulorum*.

Maintenant, en ce qui concerne l'eau, je ferai observer qu'elle n'est commune que dans les fontaines ou rivières publiques, et sur les cours d'eau non navigables, seulement au droit des chemins et sentiers qui y aboutissent. Là le public jouit des mêmes droits que le riverain vis-à-vis de son fonds, parce qu'en cet endroit l'eau accède au chemin comme à droite et à gauche elle accède aux fonds des particuliers ; et en effet on comprend que l'individu admis à puiser dans la rivière depuis la voie publique, n'aurait nullement le droit de s'introduire dans une propriété riveraine pour s'emparer de l'eau dont il a besoin, sous prétexte que cette eau n'appartient à personne.

Cette dernière réflexion nous fait sentir d'abord d'une manière bien sensible la raison du droit d'accession, en vertu duquel les eaux courantes non consacrées à un service public appartiennent aux riverains, et ensuite pourquoi la domanialité d'une rivière entraîne nécessairement la domanialité de ses francs-bords.

Eh bien, c'est l'eau puisée à l'endroit où elle est la propriété de tous, qui, comme le fait observer la Cour d'appel à Paris, devient la propriété d'un seul quand elle a été recueillie dans un vase.

Or, c'est le mode d'occupation de cette eau qui, surtout dans les fontaines publiques, peut, aux termes de l'article 714, être déterminé par des règlements de police.

Voilà cependant à quoi se réduit ce fameux article en vertu duquel la Cour de cassation confirmait, par arrêt du 11 février 1834 (affaire Pavin), un jugement rendu en ces termes :

« *Attendu que l'eau courante doit être mise au* » *nombre des choses qui n'appartiennent à per-* » *sonne et dont l'usage est commun à tous;* QUE LA » RAISON INDIQUE QU'IL DOIT EN ÊTRE DE MÊME DU » LIT SUR LEQUEL ELLE COULE; *que nul ne peut avoir* » *un droit permanent de propriété ou de posses-* » *sion sur les propriétés qui n'appartiennent à* » *personne, et dont l'usage est commun à tous;* » *que la manière d'en jouir est déterminée par* » *des lois de police* (article 714), *et que chacun* » *doit s'y conformer....* »

L'autorité judiciaire, comme on le voit, bouleverse le principe sur lequel repose le droit de propriété, en prenant l'accessoire pour le principal, et en faisant du lit d'un cours d'eau non navigable, une propriété commune ou *nullius,* parce qu'elle suppose que l'eau courante doit être rangée au nombre des choses qui n'appartiennent à personne.

Aussi qu'arrive-t-il? C'est qu'en préconisant ce

système, l'autorité judiciaire viole les articles 538
et 552 du Code Napoléon ; le premier, parce qu'il
ne peut pas exister des parties de territoire communes ou *nullius*, et le second, parce que, s'il est
rationnel d'admettre que des lois de police peuvent
régler le mode d'occupation des choses qui se ren-
contrent sur les propriétés de l'Etat ou des communes, il serait absurde de penser que ces choses-là,
comme par exemple les eaux d'une fontaine, doivent conserver le même caractère de communauté
quand elles se trouvent sur des propriétés privées.

Aussi, après avoir démontré que M. Dufour, qui,
en cela, ne fait que suivre les errements de la jurisprudence actuelle, se trompe quand il dit que la
division créée par l'article 714 fournit une explication de l'omission des cours d'eau non navigables
dans l'énumération des dépendances du domaine
public, j'ajouterai qu'en l'état actuel de notre législation, l'intérêt général ne peut nullement avoir
à souffrir des entreprises de particuliers, puisque
le domaine public a été créé précisément dans le
but d'y ranger toutes les natures de propriétés qui
ne peuvent sans danger pour la société être sous-
traites à l'action discrétionnaire de l'autorité administrative.

Il reste maintenant à savoir quelles règles ont
présidé à la composition de ce domaine.

Remarquons d'abord qu'il n'est pas de biens
qui ne soient à la fois susceptibles d'occupation
publique et d'occupation privée ; rien n'empêche-
rait par exemple les rivières navigables d'appartenir aux riverains si elles n'étaient pas consacrées
à un service d'utilité publique ; on peut en dire
autant du terrain occupé par les routes, les ports,
les forteresses, etc.

Aussi les choses qui ne sont pas susceptibles
d'occupation privée ne peuvent-elles pas non plus
tomber dans le domaine public. En dehors de ce
domaine, mais aussi hors du territoire national, ce qui fait que nous n'avons pas à nous en
occuper, se trouvent les choses qui, comme la mer
par exemple, ne sont pas du tout susceptibles de
propriété.

Or, c'est précisément parce que la mer ne saurait raisonnablement être possédée par personne,
que Montesquieu disait que le peuple qui voudrait
prétendre à la domination des mers serait le tyran
à la fois le plus odieux et le plus insensé [1].

(1) Il est même à remarquer que la jouissance des biens qui
sont communs à tous les hommes, des éléments par exemple, qui
restent, par leur nature même, en dehors de toute appropriation,
s'allierait plus facilement avec l'idée de propriété privée qu'avec
l'idée de propriété publique ; ainsi, quand Diogène disait à Alexan-
dre : *Ote-toi de mon soleil*, il exprimait une idée juste en ce sens
qu'il ne saurait appartenir à l'autorité de disposer des éléments

Aussi, pour peu qu'on y réfléchisse, reconnaît-on facilement qu'il n'y a absolument qu'une déclaration de principe dans le deuxième paragraphe de l'article 538 du Code, qui, comme on l'a déjà vu, est ainsi conçu :

« *Et généralement toutes portions du territoire national* qui ne sont pas susceptibles d'une propriété privée, sont considérées comme des dépendances du domaine public. »

Le législateur a seulement voulu faire comprendre qu'il n'y a plus aujourd'hui que des propriétés publiques et des propriétés privées, et que, par conséquent, le système *res nullius*, qu'on préconise de nos jours, est incompatible avec l'esprit de nos institutions modernes.

Aussi, mettant de côté ce système parce que les biens ruraux ne peuvent plus avoir deux maîtres, c'est-à-dire appartenir à des particuliers sous le contrôle de l'administration, comme anciennement ils leur appartenaient sous le contrôle du seigneur [1], le législateur a dû, pour ne point mettre

dont la Providence s'est elle-même chargée de nous répartir largement les bienfaits.

(1) On remarquera, du reste, si on fait bien attention à la distinction que j'ai établie, n°s 5 et 6 de cette pétition, entre le pouvoir du seigneur et le droit de police que s'attribue l'administration, que le premier n'était point incompatible avec le droit de propriété privée, tandis que le second l'est tout à fait.

en souffrance les intérêts de la société par l'application du principe d'affranchissement de la propriété, ranger parmi les dépendances du domaine public toutes les natures de biens qui, quoique servant à des usages particuliers, avaient un emploi public plus important que la somme de ces usages privés.

Ainsi, la navigation étant de tous les emplois de l'eau courante le plus essentiel à la prospérité d'une nation, il convenait de subordonner, sur les rivières navigables, l'intérêt privé à l'intérêt général, c'est-à-dire de réduire à de simples droits d'usage la jouissance des particuliers, pour ne pas embarrasser l'autorité administrative dans des questions de propriété.

Mais, là où la somme des intérêts publics ou communs est moins importante que la somme des intérêts privés, il convenait de ne pas sacrifier ceux-ci aux premiers en en confiant la police à une autorité qui n'a pas qualité pour trancher des questions de droit commun.

Aussi, on va voir qu'il n'y avait pas d'inconvénient à laisser tous ces intérêts sans exception, c'est-à-dire les droits de l'Etat et ceux des communes aussi bien que ceux des particuliers, sous la sauvegarde des tribunaux, qui sont le palladium de la propriété.

Ainsi, il est bien évident que l'administration d'une rivière dont tout le monde a le droit de se servir, comme dans le cas où elle est navigable, ne peut pas être la même que l'administration d'une rivière qui peut, il est vrai, servir à beaucoup de monde, mais dont néanmoins l'usage est forcément circonscrit entre les riverains à qui la disposition des lieux permet d'en jouir.

Aussi l'intérêt de l'Etat quand celui-ci n'agit point comme administrateur d'une rivière rangée dans la partie du domaine qui est inaliénable, mais comme propriétaire riverain d'un cours d'eau sur lequel il n'exerce d'autres droits que ceux qui sont communs à tous les riverains, et l'intérêt d'une commune quand, par exemple, ses habitants réclament pour leur usage une certaine quantité d'eau, ne sont ni l'un ni l'autre *des intérêts publics généraux*, mais seulement *des intérêts publics secondaires*, auxquels la loi accorde certains priviléges dont je parlerai dans l'article suivant, mais qu'elle ne peut pas couvrir de la même protection que les intérêts généraux de la société, en faveur desquels elle anéantit complétement le droit de propriété.

DE L'INTÉRÊT PUBLIC LOCAL OU SECONDAIRE.

QU'IL NE NÉCESSITE PAS, COMME L'INTÉRÊT PUBLIC GÉNÉRAL,
L'ATTRIBUTION AU DOMAINE DES EAUX COURANTES, AUX-
QUELLES IL S'APPLIQUE, ET N'EXCÈDE PAS PAR CONSÉQUENT
LA COMPÉTENCE DES TRIBUNAUX CIVILS.

10. — Je viens de dire que les intérêts d'une
commune, quand il faut à ses habitants une certaine quantité d'eau, ne constituent pas une question d'intérêt général qui puisse entraîner la domanialité d'une rivière ; c'est pourtant pour satisfaire
aux exigences de cette prétendue domanialité, que
la Cour de cassation appelle le *domaine public
communal,* que cette Cour a rendu tout dernière-
ment encore, c'est-à-dire à la date du 20 août 1861,
un arrêt [1] dont il est bon de signaler ici l'incompatibilité avec l'esprit de nos institutions.

Un journal de droit rend compte en ces termes
de cette décision :

« La Cour de cassation (chambre civile) a rendu
» un arrêt établissant l'imprescriptibilité des eaux
» d'une fontaine publique. Les eaux qui alimentent
» une fontaine publique destinée aux besoins des

_____

[1] Commune de Tourves contre les époux Nattes.

» habitants d'une commune, font partie *du domaine*
» *public communal* et sont à ce titre imprescrip-
» tibles.

» En conséquence, lorsqu'un particulier s'est
» emparé des eaux à leur sortie d'une fontaine
» publique pour les faire écouler dans sa pro-
» priété, il appartient à l'autorité municipale de
» les revendiquer au profit de la commune, sans
» qu'on puisse lui opposer la possession trente-
» naire, la possession de ces eaux, *toujours su-*
» *bordonnée aux besoins publics,* n'ayant pu être
» qu'une possession précaire insuffisante pour
» conduire à la prescription. »

Eh bien ! rien n'est plus faux que ce principe,
et pour reconnaître qu'en droit il ne peut pas y
avoir de *domaine public communal,* et que la
possession des eaux non consacrées à un service
d'utilité générale n'est point subordonnée aux
b soins des localités et n'est nullement, comme le
dit l'arrêt, une possession précaire insuffisante pour
conduire à la prescription , il suffit de lire l'article
2227 du Code Napoléon, qui dit :

« L'ETAT *et* LES COMMUNES *sont soumis aux*
» *mêmes prescriptions que les particuliers , et*
» *peuvent également les opposer.* »

La Cour de cassation n'a pas fait attention que
l'intérêt local ou communal diffère de l'intérêt

général en ce qu'il ne nécessite pas l'attribution
au domaine de la chose qui n'intéresse que la localité, et dès lors n'entraîne pas l'imprescriptibilité,
laquelle, comme on le voit, n'est inhérente ni aux
propriétés communales ni même à toutes les propriétés nationales, mais seulement à celles qui,
comme les rivières navigables et flottables, ont été
rangées dans *le domaine public*, lequel n'est pas
administré de la même manière ni au même titre
que *le domaine de l'État* proprement dit.

Ce dernier, qui comprend par exemple les
forêts, les manufactures nationales, etc., est alié-
nable et soumis à la prescription comme les
biens des simples particuliers, tandis que le premier ne l'est pas. Aussi est-il bien important de
reconnaître les limites dans lesquelles se trouve
circonscrite la partie du domaine que le gouvernement, aux termes de l'article 8 de la loi du
1er décembre 1790, n'a pas le droit d'aliéner.

Goupil de Préfeln, dans son exposé des motifs
du titre I du livre Ier du Code, fait, en rappelant
les différentes natures de propriétés désignées dans
les articles 538 et 540, l'énumération complète
des biens domaniaux inaliénables.

« *Les chemins, routes et rues à la charge de la*
» *nation*, dit-il, *les fleuves et rivières navigables ou*
» *flottables, les rivages, lais ou relais de la mer, les*

» *ports, havres et rades, les portes, murs, fossés et*
» *remparts des places de guerre et des forteresses,*
» sont par leur nature des dépendances nécessaires
» du domaine public ; ils sont *inaliénables* tant
» qu'ils conservent cette destination, et conséquem-
» ment imprescriptibles, car la prescription est un
» moyen d'aliénation. »

Le domaine public inaliénable ne comprend
uniquement, comme on le voit, que les propriétés
qui servent à la défense nationale et à la facilité
des communications de terre et de mer.

Encore n'est-il, parmi les voies de communication,
que celles qui sont à la charge de l'État qui fassent
partie du domaine public ; les autres sont considérées comme étant seulement d'utilité locale et ne
sont point inaliénables.

Dans la première rédaction de l'article 538 du
Code, il était dit, sans aucune restriction : « *Les*
» *chemins, rues et places publiques* sont consi-
» dérés comme des dépendances du domaine pu-
» blic. »

Mais Regnaud (de Saint-Jean d'Angely) ayant
fait observer que les lois distinguent entre les
grandes routes et les chemins vicinaux, et Treilhard ayant ajouté que ces chemins appartiennent
aux communes, comme aucune loi ne rend inaliénables les biens communaux, la rédaction fut chan-

e

gée, et aujourd'hui, l'article 538 ne comprend au nombre des voies de communications domaniales, et par conséquent inaliénables, que celles qui sont *à la charge de l'Etat.*

Ce n'est pas à dire qu'il soit permis aux communes d'aliéner leurs chemins sans une autorisation administrative, mais seulement la prescription peut être acquise contre elles, parce que cette circonstance qu'elles sont mineures et ne peuvent rien faire sans le consentement du gouvernement n'entraîne pas la condition d'inaliénabilité.

C'est pour cela qu'il a été jugé que c'est aux tribunaux, et non à la justice administrative, qu'il appartient de connaître des faits d'usurpation et de détérioration d'un chemin vicinal [1], et qu'il a été jugé que les contestations entre la police et les particuliers qui, en construisant sur les bords d'une rue, auraient anticipé, ne sont pas du ressort de l'autorité administrative, si la matière n'a pas trait à la grande voirie [2].

La même raison de décider existe pour les canaux de navigation des communes. Le fait de la navigation ne suffit pas pour faire d'un canal une propriété inaliénable, il faut encore qu'il soit en la possession de l'Etat et entretenu par lui.

(1) C. de Nîmes, 25 mars 1829; Sirey, XXIX, 2. 142.
(2) Arrêt du Conseil, 25 mars 1807; Sirey, XIV, 2. 253.

Aussi, bien que l'arrêté du Directoire du 19 ventôse an VI, après avoir dit (art. XI) que les riverains
des cours d'eau non navigables ni flottables (1) de-
vront se pourvoir *en justice réglée*, c'est-à-dire devant les tribunaux civils, ait ajouté ; « *Il est dé-*
» *fendu aux administrations municipales de con-*
» *sentir à aucun établissement dans les canaux de*
» *navigation appartenant aux communes sans l'au-*
» *torisation formelle et préalable des administra-*
» *tions centrales*, » la circonstance que ces administrations n'ont pas autorisé sur le canal de
navigation d'une commune un établissement privé,
ne saurait empêcher celui-ci de se fonder en droit
par la prescription, attendu que les canaux de navigation ne sont pas inaliénables lorsqu'ils sont la
propriété des communes.

N'oublions pas que deux conditions sont indis-
pensables pour qu'une propriété soit rangée dans
la partie du domaine national qui est inaliénable :
qu'il faut d'abord qu'elle soit utile à la défense du
pays ou un moyen de communication, et en second

(1) Voir, par les explications données sur l'arrêté du Directoire
dans le chapitre 1er *du Commentaire* ci-joint, pourquoi les riverains des cours d'eau non compris dans le domaine public y sont
désignés sous le nom de *propriétaires des canaux d'irrigation et
de dessèchement particuliers,* termes inusités de nos jours, qui ont
trompé la plupart des commentateurs de cet arrêté sur le véritable sens de ses prescriptions.

lieu que son entretien soit à la charge de l'Etat.

L'article 538 du Code ayant déclaré que *tous les biens qui ne sont pas susceptibles de propriété privée sont une dépendance du domaine public*, il ne peut donc pas y avoir en la possession des communes des biens non susceptibles d'appropriation privée, ce qui fait que l'article 2227 soumet à la prescription non-seulement les biens de l'Etat qui ne sont ni un moyen de communication ni un moyen de défense nationale, mais encore tous les biens des communes, *même ceux qui servent aux transports*, parce qu'ils n'ont pas le caractère *d'intérêt public général* qui leur est indispensable pour être affranchis des règles du droit commun.

Ce n'est, en effet, ni aux communes, ni même aux départements, qui ont leur existence propre et des ressources tenues en réserve pour des besoins locaux ou départementaux, à entretenir les natures de propriétés utiles à la société tout entière ; de même que la société ne doit pas prendre à sa charge l'entretien des propriétés sur lesquelles il existe un service qui, bien que public, n'intéresse cependant que les localités qui l'ont établi.

Or, si on veut bien remarquer, avec l'Assemblée constituante, que le principe d'inaliénabilité est tout ce qu'il y a de plus défavorable à l'exploitation des biens qui ne servent pas à un usage à la

fois *public* et *général*, on reconnaîtra facilement
dans les considérants de la loi du 1er décembre
1790, les motifs pour lesquels cette Assemblée
tenait à laisser dans le commerce toutes les autres
natures de propriétés, alors même qu'elles se trou-
vaient dans les mains de l'Etat.

« Considérant, dit cette loi, que la maxime d'i-
» naliénabilité serait encore préjudiciable *à l'inté-*
» *rêt public*, puisque des propriétés livrées à une
» administration générale sont frappées d'une
» sorte de stérilité, tandis que dans la main de pro-
» priétaires actifs et vigilants, elles se fertilisent,
» multiplient les subsistances, fournissent des ali-
» ments à l'industrie et enrichissent l'Etat. »

Or, pour montrer comme on a toujours cherché
à restreindre la partie du domaine qui ne saurait
être aliénée, c'est-à-dire à faire rentrer dans le commerce le plus de propriétés possible, parce que,
comme le dit la loi du 1er décembre 1790, des
propriétés foncières livrées à une administration
générale sont frappées d'une sorte de stérilité, je
ferai observer que l'article 538 précité avait rangé
parmi les dépendances du domaine inaliénable les
lais et relais de la mer; et cette attribution avait eu
lieu sur les observations du tribun Faure, qui, au
nom de la section de législation, s'exprimait ainsi :

« La loi ne doit point étendre le droit d'alluvion

» aux relais de la mer ; les rivages de la mer font
» partie des limites de l'État. *L'intérêt politique*
» *exige pour tout ce qui concerne la mer et ses*
» *rivages une législation spéciale.* »

Mais la loi du 16 septembre 1807 a fait passer
du domaine public dans celui de l'État cette nature
de propriété en disant :

« Art. 41. *Le gouvernement concédera, aux con-*
» *ditions qu'il aura réglées, les lais et relais de*
» *la mer.* »

C'est-à-dire que les auteurs de la loi de 1807
n'ont pas trouvé que le maintien de ces sortes de
propriétés dans les mains de l'État eût, au point
de vue de la défense nationale, l'importance que
lui reconnaissaient les auteurs du Code Napoléon.
Il n'y a donc aujourd'hui sur les bords de la mer
que le rivage même qui soit inaliénable et par
conséquent imprescriptible.

Mais si la maxime d'inaliénabilité est, comme le
disait l'Assemblée constituante, préjudiciable à l'intérêt public, quand cet intérêt n'est pas celui de la
société tout entière, ne doit-on pas convenir qu'elle
serait surtout préjudiciable à l'exploitation des
cours d'eau non navigables ni flottables, et peut-
on méconnaître l'importance que mettaient les
auteurs du Code Napoléon à laisser ces cours d'eau
dans le domaine des particuliers, quand on voit

le savant Portalis s'exprimer ainsi, dans son exposé des motifs du titre Ier du livre II de ce Code :

» « Quand on jette les yeux sur ce qui se passe
» dans le monde, on est frappé de voir que les
» divers peuples connus prospèrent bien moins en
» raison de la fertilité du sol qui les nourrit qu'en
» raison de la sagesse des maximes qui les gou-
» vernent. D'immenses contrées, dans lesquelles
» la nature semble, d'une main libérale, répan-
» dre tous ses bienfaits, sont condamnées à la
» stérilité, et portent l'empreinte de la dévastation,
» parce que la propriété n'y existe pas ou n'y est
» point assurée; c'est la propriété qui a fondé les
» sociétés humaines. C'est elle qui a vivifié, éten-
» du, agrandi notre propre existence; c'est par elle
» que l'industrie de l'homme, cet esprit de mou-
» vement et de vie qui anime tout, *a été porté*
» *sur les eaux*, et a fait éclore sous les divers
» climats, tous les germes de richesse et de puis-
» sance. »

Aussi, Messieurs les Sénateurs, vous proclame-
rez bien haut que les rivières non navigables ni
flottables n'étant ni des voies de communication
ouvertes au public, ni des propriétés à la charge
de l'Etat, doivent, conformément à la volonté de
l'Assemblée constituante et des auteurs du Code
Napoléon, rester dans le domaine des riverains,

parce que ce n'est qu'entre leurs mains qu'elles peuvent contribuer à enrichir les vallées qu'elles traversent, et si sous un prétexte de police générale, l'administration prétendait en disposer comme d'une chose inaliénable et imprescriptible entre ses mains, vous lui rappelleriez qu'il y a absence *d'intérêt public général* sur ces cours d'eau, et que *les intérêts publics secondaires* qui peuvent s'y produire seront suffisamment sauvegardés si on se conforme aux prescriptions suivantes, qui ne sont pas, j'en conviens, celles de la jurisprudence actuelle, mais qui ont au moins le mérite d'être l'expression de la loi.

Comme il est juste que le droit privé fléchisse non-seulement devant un intérêt public général, mais encore devant toute espèce d'intérêt public secondaire, la loi réserve en faveur de l'État et même des communes la faculté de s'approprier par voie d'expropriation les différentes natures de propriété qui leur sont utiles.

C'est ainsi, par exemple, que l'article 643 du Code Napoléon a précisément prévu l'obligation pour les particuliers possesseurs d'eaux courantes de fournir aux habitants d'une commune l'eau dont ils ont besoin.

« *Le propriétaire d'une source,* dit cet article, *ne » peut en changer le cours lorsqu'il fournit aux*

» *habitants d'une commune, village ou hameau,*
» *l'eau qui leur est nécessaire; mais si les habitants*
» *n'en ont pas acquis ou prescrit l'usage, le pro-*
» *priétaire peut réclamer une indemnité, laquelle*
» *est réglée par experts.* »

Or, le premier et le plus grand inconvénient de la prétendue domanialité dont j'ai parlé plus haut, et que la Cour de cassation appelle *domaine public communal*, c'est d'autoriser l'administration, qui n'a pas qualité pour trancher des questions de propriété, à interposer son autorité souveraine dans le débat qui peut s'élever entre un particulier et une commune, sur des eaux, par exemple, qui ne pourraient être imprescriptibles que si elles n'étaient pas susceptibles d'appropriation privée, mais dont les habitants ne seraient pas obligés d'acquérir et de prescrire l'usage si réellement il existait un *domaine public communal* qui les plaçât hors du commerce et les tînt en réserve pour des besoins publics.

L'expropriation est donc le seul privilége que l'intérêt public local ou communal ait sur l'intérêt privé.

« C'est bien assez, disait Portalis [1], que l'Etat
» puisse contraindre un citoyen à lui vendre son
» héritage et qu'il lui ôte le grand privilége qu'il

[1] Exposé des motifs du titre Ier, livre II du Code Napoléon.

» tient de la loi naturelle et civile de ne pouvoir
» être forcé d'aliéner son bien.

   » Pour cela, des motifs graves d'utilité publique
» suffisent, parce que dans l'intention raisonna-
» blement présumée de ceux qui vivent dans une
» société civile, il est certain que chacun s'est en-
» gagé à rendre possible par quelque sacrifice per-
» sonnel ce qui est utile à tous; *mais le principe de*
» *l'indemnité due au citoyen dont on prend la pro-*
» *priété est vrai dans tous les cas, sans exception.* »

   Ainsi, pour résumer cette grave et importante
question de savoir quelle influence l'intérêt public
peut exercer sur l'intérêt privé, disons que, quand
il s'agit *d'un intérêt public général,* comme dans le
cas où les eaux d'une rivière non navigable sont
détournées au profit de la navigation, ce détournement ne peut avoir lieu que par voie d'expropriation, c'est-à-dire moyennant une juste et préalable indemnité, avec cette circonstance cependant
que ces eaux, entrant dans la partie du domaine
qui est inaliénable, deviennent comme lui imprescriptibles.

   Tandis que s'il ne s'agit que *d'un intérêt public*
secondaire, comme dans le cas où l'État a besoin
d'eau pour faire mouvoir les usines qui lui appartiennent, ou bien comme dans le cas où une commune réclame pour les besoins de ses habitants une

certaine quantité d'eau, ce détournement peut avoir
lieu par voie d'expropriation, avec cette circonstance, remarquez-le bien, Messieurs les Sénateurs,
que ces eaux, n'entrant point dans le domaine public, restent dans le commerce, et par conséquent
ne sont point imprescriptibles, si bien que l'autorité chargée de veiller sur *des intérêts publics secondaires* n'a d'autre ressource que l'expropriation quand elle a par sa négligence laissé un abus
se convertir en droit.

Encore ne faut-il pas s'exagérer les conséquences
du privilége d'inaliénabilité attaché aux rivières du
domaine public.

Est-ce à dire, par exemple, que la police de ces
cours d'eau appartienne exclusivement à l'administration? Non, évidemment, car il y a ici une distinction importante à faire.

Si l'administration peut disposer des eaux domaniales comme elle l'entend, si elle peut les retirer à
un propriétaire, quand même celui-ci serait muni
d'une autorisation, et si les actes de cette autorité
sont en pareil cas inattaquables par la voie contentieuse, il ne lui appartient pas cependant de juger
du tort qu'elle occasionne elle-même, du dommage,
par exemple, que la hauteur d'eau qu'elle maintient dans l'intérêt de la navigation cause aux propriétés riveraines.

Sous ce rapport, la police des eaux, même domaniales, appartient à l'autorité judiciaire ; c'est à elle à prononcer entre l'Etat et des particuliers, sur le tort que ceux-ci prétendent éprouver ensuite de travaux exécutés par l'administration sur les rivières du domaine public.

Seulement il faut bien faire attention que le dommage causé en pareil cas autorise les tribunaux non pas à ordonner la destruction des ouvrages qui le produisent, parce qu'il ne leur est pas permis d'entraver l'action administrative quand elle s'exerce sur une propriété domaniale, mais seulement à fixer le montant de l'indemnité due par l'Etat.

Maintenant, pour achever cette petite incursion dans la sphère du domaine public, qui peut n'être pas tout à fait inutile pour bien faire apprécier le genre d'autorité que l'administration est en droit d'exercer sur les rivières qui ont été laissées en dehors de ce domaine, je dirai qu'il faut éviter encore de s'exagérer les conséquences de l'imprescriptibilité.

Qu'est-ce qu'il y a d'imprescriptible, qu'est-ce qui ne peut pas s'acquérir sur les cours d'eau du domaine public ?

C'est le droit de faire acte de propriété et de contrarier par là les mesures que l'administration peut avoir à prendre dans l'intérêt de la navigation ou du flottage.

Il n'y a sur ces cours d'eau que des droits d'usage. Eh bien, ces droits ne peuvent pas changer de nature par la longue possession.

Mais sur le terrain du droit d'usage, c'est-à-dire d'un droit rendu conforme aux exigences du service d'utilité publique que le gouvernement prend à sa charge, celui-ci ne jouit plus d'aucun privilége, et la prescription peut parfaitement être invoquée contre ses actes, à propos, par exemple, de la redevance annuelle qu'il a le droit de réserver dans la concession qu'il fait des eaux domaniales.

Il est clair que si pendant trente ans le gouvernement avait négligé d'exiger cette redevance, il n'aurait plus le droit de l'imposer au riverain, et qu'une semblable réclamation ne serait pas d'ordre administratif, parce que les intérêts du fisc ne sont pas de leur nature imprescriptibles comme ceux de la navigation.

DE LA POLICE DES COURS D'EAU NON NAVIGABLES NI FLOTTABLES.

DE CEUX PAR CONSÉQUENT SUR LESQUELS LES ENTREPRISES DES RIVERAINS NE SAURAIENT PORTER ATTEINTE A *l'intérêt public général,* MAIS SEULEMENT A *l'intérêt public local ou secondaire.*

QU'IL Y A SUR CES COURS D'EAU DEUX SORTES DE POLICE A EXERCER, L'UNE RÉPRESSIVE ET L'AUTRE CONSERVATRICE.

11.—Il convient par exemple de faire disparaître *sans indemnité* des barrages et autres ouvrages d'art en lit de rivière, ou seulement d'en modifier la hauteur, parce qu'ils produisent des inondations nuisibles aux propriétés riveraines, et qu'ils ne sont point fondés en titre [1].

C'est là de la police répressive.

Il convient encore de faire abaisser, *toujours sans indemnité,* le niveau des ouvrages de retenue d'une usine, parce qu'il rejette les eaux dans des bas-fonds où, retenues captives, elles deviennent une cause d'insalubrité pour le pays [2].

C'est là encore de la police répressive.

[1] Voir dans le chapitre 1er du *Commentaire* ci-joint *de la Législation des Eaux,* comment le droit s'établit en cette matière.

[2] Voir dans le chapitre II du même Commentaire, comment l'insalubrité n'étant point une question d'*intérêt général,* mais seulement une question d'*intérêt local,* il appartient à l'autorité judiciaire et non à l'autorité administrative d'en faire cesser la cause.

Mais le mode d'exploitation d'une rivière, c'est-à-dire les barrages qui y sont *légalement* établis, et auxquels par conséquent on ne saurait toucher *sans indemnité,* produisent sur certains points des ensablements, des amas de vase qu'il importe de faire disparaître pour empêcher l'encombrement du lit de la rivière et, par conséquent, les inondations qui pourraient en résulter.

Voilà de la police conservatrice.

L'autorité fait effectuer des travaux d'endiguement sur la rivière, pour protéger les propriétés riveraines, ou bien elle fait dans le même but élargir son lit, non toutefois sans indemniser les propriétaires de la valeur du terrain qu'elle leur prend, lorsque le curage à vieux bords ou à vif fond est insuffisant.

Voilà encore de la police conservatrice.

Eh bien, c'est la distinction à établir entre les mesures de répression tendant à faire disparaître *sans indemnité* tout mode de jouissance des eaux nuisible et non fondé en titre, qui ne sauraient appartenir qu'aux tribunaux, sur les rivières non domaniales, et les mesures de conservation qui, sur les mêmes rivières, peuvent sans inconvénient être confiées au gouvernement, parce que le préjudice causé à une propriété riveraine dans le but de préserver l'ensemble des propriétés littorales,

doit toujours être compensé par une indemnité,
c'est, dis-je, l'importante distinction à faire entre
ces deux espèces de mesures de police, si différentes, qui échappe aujourd'hui aux commentateurs de notre législation des eaux.

Or, personne n'exprime mieux la confusion qui
s'est faite en cette matière par suite des tendances
naturellement envahissantes de l'administration,
qu'un pair de France, le baron de Monville, qui,
déjà en 1817, dénonçait à l'attention publique, dans
les termes suivants, les désastreux effets de la jurisprudence actuelle :

« Il n'y a plus, disait-il, de limites précises
» entre les pouvoirs judiciaire et administratif,
» si ce n'est qu'il n'est resté aux tribunaux que
» ce que l'administration n'a pas envahi; chaque
» citoyen est entre le juge et l'administrateur.
» Les intérêts particuliers remuants s'adressent
» de préférence à la variation administrative;
» les intérêts particuliers paisibles préféreraient
» l'uniformité des tribunaux (1). »

Or, c'est cet empiétement de l'autorité administrative sur les droits de l'autorité judiciaire qui se
fait particulièrement sentir dans le règlement des

(1) Extrait d'un ouvrage intitulé *De la Législation des Eaux*,
br. in-4°. Paris, 1817, p. 1.

eaux courantes non domaniales que je vous demanderai de faire cesser, Messieurs les Sénateurs, quand j'aurai soulevé un des coins du voile qui recouvre les iniquités de la jurisprudence actuelle et que je vous aurai démontré combien cette jurisprudence est en opposition avec les principes et les termes de notre législation.

DES MESURES DE POLICE RÉPRESSIVE.

QU'ELLES SONT EXCLUSIVEMENT DE LA COMPÉTENCE DES TRIBUNAUX CIVILS LORSQUE LA DÉCISION JUDICIAIRE A INTERVENIR NE PEUT PAS FROISSER *l'intérêt public local*, MAIS QUE DANS LE CAS OU CET INTÉRÊT EST EN JEU, COMME QUAND IL S'AGIT D'UN RÈGLEMENT D'EAU, LE PRÉFET DOIT D'ABORD DONNER DANS UNE ENQUÊTE PUBLIQUE L'ÉVEIL A TOUS LES INTÉRÊTS ET MÊME TENTER ENTRE LES RIVERAINS UN RÈGLEMENT AMIABLE POUR LEUR ÉVITER LES FRAIS ET LES LENTEURS DU RÈGLEMENT JUDICIAIRE A INTERVENIR, LEQUEL DÈS LORS NE DOIT AVOIR LIEU QU'A DÉFAUT DE CONCILIATION DES PARTIES DEVANT L'AUTORITÉ ADMINISTRATIVE (1).

12.—J'ai dit, en terminant l'article 10 de cette pétition, que l'autorité préposée à la garde des *intérêts publics locaux ou secondaires* sur les propriétés

(1) Au premier abord il semblerait qu'il ne doit y avoir dans le règlement qui a pour but de faire abaisser le niveau des ouvrages de retenue d'une usine, qu'un acte de police répressive à exercer contre l'auteur de ces ouvrages, et non une tentative de conciliation à faire entre lui et ses voisins; mais si on remarque que

qui, comme les cours d'eau non navigables ni flottables, ne font point partie du domaine public, n'a-
vait d'autres ressources que l'expropriation, quand
elle avait par sa négligence laissé un abus se convertir en droit.

C'est d'après ce principe que le rapporteur de la
section de législation du tribunat, Goupil de Préfeln,
après avoir dit, dans son exposé des motifs du Code
Napoléon (1), que la propriété des biens qui n'ont
plus une destination générale peut être prescrite
contre l'Etat lui-même, ajoutait :

« *Si cette maxime eût été consacrée par l'an-*
» *cienne législation française, si des propriétaires*
» *légitimes avaient pu l'opposer utilement à ces*
» *hommes connus sous le nom de* DOMANISTES *ou*
» FÉODISTES, *qui n'apparaissaient dans les pays où ils*
» *venaient faire ce qu'ils appelaient des* RECHER-
» CHES, *que pour y dépouiller des familles qui*

les ouvrages d'art établis dans l'intérêt des usines ont aussi pour
résultat d'améliorer la condition des propriétés au droit desquelles elles maintiennent les eaux à un niveau plus élevé, on
reconnaît bien vite qu'il y a entre celui qui établit ces ouvrages
et ses voisins qui en profitent, une communauté d'intérêt qui fait
que la force motrice résultant de la pente afférente à un plus ou
moins grand nombre de propriétés littorales s'acquiert, non,
comme l'a décidé une fâcheuse jurisprudence, par une concession
gracieuse de l'autorité administrative, mais par une réciprocité
de servitude dont les règles sont définies dans le *Traité* ci-joint
de notre législation des eaux.

(1) Sur le titre de la propriété.

» *possédaient paisiblement depuis plusieurs siècles,*
» *combien de procès qu'il fallait soutenir à grands*
» *frais devant des tribunaux d'attribution, n'au-*
» *raient pas opéré la ruine de ceux qui s'y défen-*
» *daient inutilement !*

   » *La révolution a arrêté le cours de ces spolia-*
» *tions. Mais les propriétaires actuels et futurs se-*
» *ront encore plus confiants quand ils liront dans*
» *le Code de nos lois civiles cette disposition ras-*
» *surante, qui veut que la propriété d'un bien*
» *susceptible de propriété privée puisse être pres-*
» *crite contre la nation, comme elle peut l'être*
» *contre des particuliers.* »

AUSSI LES AGENTS DE L'ADMINISTRATION, QUI VIENNENT,
A LA FAVEUR DU SYSTÈME *res nullius,* MODIFIER SANS *in-
demnité,* SUR LES RIVIÈRES LAISSÉES PAR LA LOI DANS LE
DOMAINE DES RIVERAINS, LES DIFFÉRENTS MODES DE JOUIS-
SANCE DES EAUX ÉTABLIS SOUVENT DE TEMPS IMMÉMORIAL,
APPORTANT PAR LA LE TROUBLE DANS LES EXISTENCES ET
DANS LES FAMILLES, COMMETTENT-ILS PARMI NOUS DES EXAC-
TIONS DE MÊME NATURE QUE CELLES QUE LE RAPPORTEUR
DE LA SECTION DE LÉGISLATION DU TRIBUNAT REPROCHAIT
AUX DOMANISTES ET AUX FÉODISTES DE L'ANCIEN RÉGIME.

Or, pour prouver clairement qu'il y a aujour-
d'hui exaction de la part des agents de l'administration, comme anciennement de la part des agents
du domaine, il suffit de faire observer que là où

la prescription peut être invoquée à l'encontre
des droits de l'Etat, comme sur les rivières qui
n'ont point été comprises dans la partie du domaine
qui est inaliénable, à plus forte raison elle doit
pouvoir l'être à l'encontre des droits de simples
particuliers.

Aussi, quand j'aurai démontré que ceux-ci ne
sauraient imputer qu'à leur propre négligence le
préjudice qu'ils peuvent éprouver par suite des entreprises de leurs voisins, je suis convaincu que
vous ne vous sentirez pas plus disposés, Messieurs
les Sénateurs, à adopter le raisonnement des partisans du droit de propriété des riverains, qui disent,
comme M. le rapporteur de votre commission du
projet de Code rural : « *Le riverain qui emploie*
» *comme force motrice les eaux contiguës à sa pro-*
» *priété,* N'USE-T-IL PAS D'UN DROIT? *L'autorisation*
» *qui précède cet emploi n'a-t-elle pas* UNIQUEMENT
» *pour but d'empêcher que les nouveaux ouvrages*
» *ne nuisent aux tiers?* » qu'à adopter le raisonnement des partisans du système *res nullius*, qui, à
la vérité, ne faillissent pas à leur principe, puisque
si les eaux n'appartenaient à personne, elles seraient nécessairement à la disposition du gouvernement, mais qui ont le tort de partir d'un principe
faux, c'est-à-dire de ne pas reconnaître qu'il ne
peut pas y avoir actuellement de propriétés dites

nullius, c'est-à-dire qui ne puissent être rangées ni dans le domaine public ni dans celui des particuliers.

On pourrait donc répondre à ceux qui ne voient dans une autorisation du gouvernement qu'un moyen de sauvegarder l'intérêt de tout le monde, que le droit de propriété, lorsqu'il est préexistant, ne saurait être réglé par la voie gracieuse administrative, parce que la raison et la justice repoussent énergiquement une doctrine qui, dans le but de protéger les droits de tous, anéantit le droit de chacun !

Peut-on dire, en effet, *que le riverain use d'un droit* s'il n'a pas la possibilité de le défendre par la voie contentieuse ?

Il serait ensuite facile d'opposer aux partisans du système *res nullius*, qui compte un bien plus grand nombre d'adeptes parmi les commentateurs de nos lois, parce qu'en général on discute bien moins sur les principes que sur leurs conséquences, il serait, dis-je, facile de leur opposer l'observation suivante du savant Portalis, répondant, dans son exposé des motifs du Code [1], aux communistes de son temps :

« *Méfions-nous des systèmes dans lesquels on* » *ne semble faire de la terre la propriété commune*

[1] Sur le titre de la propriété.

» *de tous, que pour se ménager la facilité de ne*
» *respecter les droits de personne.* »

Aussi vous allez voir, Messieurs les Sénateurs, la
portée des actes de l'administration quand cette autorité s'engage dans la large voie de l'arbitraire
que lui ouvre naturellement le système *res nullius.*

Je trouve par exemple dans l'instruction ministérielle du 25 octobre 1851, sur les règlements
d'eau, les prescriptions suivantes :

    « *Je vous recommande expressément, Monsieur*
» *le préfet, de n'ordonner qu'avec une très grande*
» *réserve le règlement d'office des usines existan-*
» *tes. Sans doute, toutes les fois qu'un dommage*
» *public ou* PRIVÉ *lui est signalé, l'administration*
» *doit intervenir; mais il convient qu'elle s'abs-*
» *tienne lorsque son intervention n'est pas récla-*
» *mée, et surtout lorsqu'il s'agit d'établissements*
» *anciens qui ne donnent lieu à aucune plainte.* »

Or, n'est-il pas facile de voir que, quelque sage
que soit cette recommandation, elle entrave complétement l'action des tribunaux; car enfin si l'administration a la prétention de faire cesser non-seulement un dommage public, mais encore *un dommage privé,* dans quel cas les tribunaux seront-
ils donc compétents, et quand pourront-ils appliquer l'article 645 du Code Napoléon, qui leur
recommande de régler les contestations auxquelles

peut donner lieu l'emploi des eaux courantes non domaniales, *en conciliant*, remarquez bien les termes de l'article, *les intérêts de l'agriculture avec le respect dû à la propriété?*

Sans doute, s'il convenait de régler le mode d'emploi des eaux sur lequel les riverains ne s'entendent pas, au point de vue de *l'intérêt général* de l'agriculture, c'est-à-dire de manière que, sans s'inquiéter des droits individuels, l'autorité chargée de faire cesser le débat n'eût à rechercher, dans un règlement d'eau, que les moyens d'arriver à une production agricole plus abondante, sans doute, dis-je, l'autorité administrative pourrait être chargée de ce soin.

Mais faites bien attention, Messieurs les Sénateurs, que du moment où le législateur admet que les eaux sont une propriété, puisqu'il charge les tribunaux d'en régler l'emploi, ceux-ci ne peuvent le faire qu'au point de vue de *l'intérêt particulier* de l'agriculture, c'est-à-dire de l'intérêt des seuls individus engagés dans le débat dont parle l'article 645.

Eh bien! à ceux qui feraient une question de savoir si l'autorité administrative pourrait défaire ou seulement modifier l'œuvre des tribunaux, pourrait, par exemple, quand ceux-ci ont *concilié l'intérêt de l'agriculture avec le respect dû à la propriété*, venir établir un autre ordre de choses, changer le mode de répartition des eaux sous un prétexte d'*intérêt général*, il n'y a qu'une chose à répondre, c'est que cette prétention ne serait pas plus fondée que ne pourrait l'être celle de l'autorité judiciaire, si de son côté il lui prenait fantaisie de vouloir concilier sur les rivières domaniales les intérêts de l'agriculture avec le respect dû à la propriété.

L'administration ne manquerait pas de faire observer qu'elle doit seule disposer des eaux de ces rivières, parce qu'il n'y existe pas de droits de propriété.

Eh bien, que cette autorité sache donc à son tour respecter la propriété là où elle existe réellement, et quand elle sera imbue de ce grand principe, qu'elle ne peut pas y toucher *sans indemnité,* ni par conséquent s'attribuer sur elle aucun droit de police, elle verra que non-seulement il ne lui appartient pas de faire cesser un dommage particulier, mais qu'elle n'a pas même qualité pour faire cesser un dommage public, sur les rivières qui ont été laissées par la loi dans le domaine des riverains.

C'est qu'en effet s'il s'agit d'un intérêt de l'Etat *qui soit étranger à la navigation* ou de celui d'une commune, la prescription peut parfaitement, comme on l'a vu plus haut, être invoquée contre

eux, et parce que s'il s'agit des droits d'un certain
nombre de riverains, Portalis a suffisamment ré-
pondu aux considérations d'intérêt *public* présen-
tées par l'administration quand il dit, toujours dans
l'exposé des motifs du Code :

« *En général, les hommes sont assez clair-*
» *voyants sur ce qui les touche. L'intérêt public*
» *est en sûreté quand au lieu d'avoir un ennemi il*
» *n'a qu'un garant dans l'intérêt privé.* »

Seulement, pour que l'intérêt privé puisse être
garant de l'intérêt public, ou en d'autres termes
pour que chaque propriétaire soit parfaitement à
même de défendre ses droits, il faut qu'il soit bien
édifié sur leur étendue et sur la nature des réclamations qu'il peut avoir à produire.

Or, la difficulté sur les rivières non domaniales
consiste précisément dans l'impossibilité où se trouvent ordinairement les riverains de pouvoir apprécier eux-mêmes la cause du mal dont ils se plaignent,
c'est-à-dire de reconnaître si l'inondation qui leur
nuit est due à une cause artificielle, comme serait
la trop grande élévation des ouvrages de retenue
des eaux, ce qui peut donner lieu à une mesure
de police répressive de la compétence de l'autorité
judiciaire, ou bien à une cause naturelle, comme
serait l'incapacité du lit de la rivière, ce qui peut
être l'objet d'une mesure de police conservatrice

placée alors dans les attributions de l'autorité administrative.

C'est donc pour éclairer les riverains sur le caractère de la demande qu'ils peuvent avoir à formuler, que l'Assemblée constituante, en même temps qu'elle chargeait, par la loi du 24 août 1790 *sur l'organisation judiciaire*, les tribunaux civils de connaître des entreprises des riverains sur les cours d'eau, donnait, par une loi tout à fait contemporaine, celle du 20 août 1790, mission aux administrations de département, non point, comme on le suppose à tort, de disposer des eaux à leur volonté, mais seulement *de rechercher* et *d'indiquer* la meilleure direction à leur donner, ce qui est bien différent.

Il est vrai que, plus tard, l'Assemblée constituante modifiait les prescriptions des lois de 1790 par l'article 16 du titre II de la loi du 6 octobre 1791 *sur la police rurale,* en chargeant le directoire du département *(aujourd'hui le préfet)* de fixer la hauteur d'eau des établissements hydrauliques [1].

_____

(1) Comme je donne dans le premier chapitre du *Traité* ci-joint *de notre Législation des Eaux* le Commentaire complet des lois de 1790 et 1791, dont je ne puis ici qu'analyser le sens, c'est là que mes lecteurs pourront lire le texte précis de ces lois, avec les explications qui ne trouveraient pas leur place dans le cadre restreint de cette pétition.

Or, c'est cette mission qu'il importe de bien apprécier, mais que les commentateurs de notre législation des eaux jugeront toujours mal tant qu'ils seront imbus de l'idée, si généralement répandue de nos jours, que l'administration peut, en matière de règlement d'eau, intervenir dans *l'intérêt général* des riverains, comme l'autorité judiciaire intervient dans *leur intérêt privé*.

Mais si, mettant de côté cette utopie, ils veulent bien d'une part ne pas perdre de vue le principe sur lequel repose notre législation des eaux, qui est celui de l'affranchissement de la propriété, et en second lieu reconnaître les limites dans lesquelles la constitution et la loi du 20 août 1790 ont circonscrit les attributions du préfet, ils comprendront toute l'importance de la mission confiée à ce magistrat par la loi de 1794.

Il est bien certain qu'en se contentant, ainsi que le prescrivait la loi de 1790, *d'indiquer* au gouvernement sur les rivières domaniales et aux riverains sur celles qui ne le sont pas, la meilleure direction à donner aux eaux [1], l'autorité chargée de l'administration du département *(sorte de pouvoir intermédiaire dont aujourd'hui*

(1) La loi de 1790 parle de *toutes les eaux du territoire*, c'est-à-dire de celles qui sont navigables aussi bien que de celles qui ne le sont pas.

on confond si mal à propos les attributions avec celles de l'administration centrale), ne rendait pas encore au gouvernement et aux riverains tous les services qu'on était en droit d'en attendre.

Ainsi, par exemple, pour ce qui concerne les riverains des cours d'eau privés, il est clair que si après leur avoir fait connaître l'influence des eaux sur leurs fonds, le préfet parvenait à leur faire adopter un projet de règlement conforme à leurs intérêts, il devenait assez inutile d'exiger qu'ils fissent consacrer par un jugement ce mode de jouissance des eaux.

Sans doute, des particuliers ne pourraient pas tout seuls procéder à un règlement d'eau, parce qu'ils risqueraient d'adopter des mesures nuisibles à des tiers non parties au débat; ce qui, n'engageant nullement la responsabilité de ceux-ci, aurait le grave inconvénient de rendre essentiellement précaires les opérations de cette nature, dans lesquelles tous les intéressés n'auraient pas été appelés à défendre leurs droits.

Le plan d'eau d'une rivière ne pouvant être relevé sans qu'un remous se fasse sentir au droit d'une certaine étendue de propriétés littorales, on ne saurait se dissimuler qu'il n'y ait quelque chose de plus qu'un simple intérêt privé dans la fixation du niveau des eaux d'une rivière, même non domaniale.

Seulement, comme l'abus que des riverains seraient dans le cas de faire de leurs droits ne peut jamais se faire sentir que dans un rayon naturelle-lement fort restreint (celui des propriétés au droit desquelles s'exerce l'influence des ouvrages de re-tenue des eaux), il s'ensuit que ce genre d'intérêt public, qu'on pourrait très justement nommer *un intérêt public secondaire*, ne doit pas être confondu avec *l'intérêt public général,* celui par exemple auquel des riverains peuvent porter atteinte sur les rivières consacrées à la navigation, en nuisant à un service établi dans l'intérêt de tout le monde.

Or, ces deux sortes d'intérêts publics ne doivent pas être confondus, parce que l'un laisse intact le droit de propriété, qui n'existerait nulle part si on devait considérer comme non susceptibles d'appro-priation privée les différentes natures de biens sur lesquelles l'intérêt local peut être engagé, tandis que l'autre, c'est-à-dire l'intérêt général, anéantit complétement et à juste titre le droit de propriété.

Aussi le législateur aurait-il commis une étrange aberration s'il avait confié le règlement des cours d'eau sur lesquels il n'y a que des droits de pro-priété à concilier, au gouvernement, qui en prin-cipe ne peut interposer son autorité souveraine que là où la propriété n'existe pas.

Eh bien, *l'intérêt public général,* celui qui ex-

clut tout droit de propriété, est encore aujourd'hui,
comme il a été de tout temps, une cause de domanialité. Ce n'est pas pour lui qu'une révolution
s'est opérée dans nos institutions, car elle a passé
sans changer les bases de notre législation domaniale, et par conséquent en laissant debout la fa-
meuse ordonnance de 1669, monument de la sagesse d'un grand roi et la plus complète encore des
lois qui régissent le domaine public.

Tandis que l'*intérêt public local,* qui sous l'ancien régime était confié à la garde des seigneurs
agissant en vertu du pouvoir connu alors sous le
nom de *domaine direct ou de supériorité du fief,*
ne peut pas de nos jours être confié à la garde du
gouvernement, parce que les attributions de ce domaine ont été anéanties en 1789 et non transmises
au pouvoir exécutif, ce qui fait que les propriétés
ci-devant banales sont aujourd'hui des propriétés
franches ou libres.

Que conclure de là? C'est que le gouvernement
n'a rien à voir dans le règlement des eaux non domaniales, et que le préfet, qui n'aurait, remarquez-
le bien, non plus rien à y voir si le débat était purement privé, ne doit intervenir que dans le cas
où *un intérêt public local* est engagé dans la question.

Mais comment interviendra-t-il? Pourra-t-il, en

invoquant la loi de 1791, décider souverainement en matière de règlement d'eau, c'est-à-dire porter la main sur l'une de nos plus précieuses libertés.

Non évidemment, car la loi du 20 août 1790 met des bornes à son pouvoir, en disant, chap'. Ier :

LES ADMINISTRATIONS DE DÉPARTEMENT NE PEUVENT FAIRE NI DÉCRET, NI ORDONNANCE, *ni règlement.* »

Dès lors, pour ne pas enfreindre cette défense, qui lui interdit la faculté d'imposer aux riverains les mesures qu'il jugerait convenables *(faculté qui ne peut appartenir qu'au gouvernement sur les rivières domaniales, et à l'autorité judiciaire sur celles qui ne le sont pas),* le préfet doit bien voir que son rôle se borne, lorsqu'il s'agit d'un règlement dans lequel l'intérêt d'un certain nombre de riverains est engagé ou pourrait être froissé : 1° à faire connaître, dans des enquêtes publiques et par les opérations de ses ingénieurs, à tous ceux qui ont intérêt à le savoir, quelle peut être sur l'écoulement des eaux l'influence des ouvrages qu'un riverain possède ou se propose d'établir en lit de rivière ; 2° à faire aux intéressés des propositions qui puissent, en cas d'acceptation, constituer un règlement de conciliation de la nature de ceux que l'article 645 du Code Napoléon appelle *particuliers* et *locaux* pour les distinguer des règlements *généraux* ou *d'administration publique ;* 5° enfin, si les parties ne tombent pas d'accord, à les renvoyer devant l'autorité judiciaire, qui peut alors, en connaissance de cause, c'est-à-dire aidée des documents que renferme le règlement provisoire administratif, concilier dans sa fixation du niveau légal de la retenue, *les intérêts de l'agriculture avec le respect dû à la propriété.*

L'autorité judiciaire n'ayant plus la crainte de froisser les intérêts de personne, du moment où chacun a pu écouter les observations des ingénieurs dans une enquête publique et apprécier s'il a intérêt ou non à s'opposer aux projets du demandeur quand il s'agit d'une chute d'eau à établir, ou à s'associer à la plainte de ses voisins quand il s'agit d'une chute d'eau à supprimer ou à modifier, c'est bien le cas de répéter, avec Portalis, que dans les règlements ainsi faits en vertu du droit commun, *l'intérêt public est en sûreté puisqu'il a pour garant l'intérêt privé.*

Ainsi donc, pour résumer cette grave et importante question de savoir par qui doivent être réglées les difficultés auxquelles peut donner lieu l'emploi des eaux non domaniales, je dirai que s'il s'agit d'une contestation à propos de laquelle la décision judiciaire ne saurait atteindre d'autres intérêts que ceux des personnes engagées dans l'instance, l'autorité administrative n'a pas à s'en occuper, parce qu'il ne lui est permis à aucun titre et sous aucun prétexte de s'ingérer dans le débat d'une affaire purement privée, mais que si la décision à intervenir est de nature à porter atteinte aux droits des personnes étrangères au débat, il y a alors dans le règlement de l'affaire *un intérêt public local* qui nécessite l'intervention du préfet en la forme et dans la mesure que je viens d'indiquer.

EMBARRAS QUE L'ADMINISTRATION SUSCITE AUX TRIBUNAUX

QUAND ELLE VEUT APPLIQUER ELLE-MÊME LES MESURES DE POLICE RÉPRESSIVE SUR LES RIVIÈRES NON DOMANIALES, ET CE QU'IL ADVIENT DE LA RÉSERVE DES DROITS DES TIERS, PAR LAQUELLE ELLE PENSE DANS CE CAS-LA DONNER A LA PROPRIÉTÉ LES GARANTIES QUI LUI SONT DUES.

15.— C'est pour avoir cédé aux tendances envahissantes de l'administration, et avoir méconnu les obligations que l'article 645 du Code impose à l'autorité judiciaire, que la Cour de cassation a rendu des arrêts dont vous n'aurez pas de peine, Messieurs les Sénateurs, à comprendre les désastreuses conséquences.

Un arrêt de cette Cour, en date du 30 août

1850, avait décidé que les tribunaux peuvent, en vertu des articles 1382 et 1383 du Code civil, ordonner la destruction absolue d'un barrage lorsqu'il est nuisible et qu'il n'a pas été autorisé par l'administration, mais qu'ils ne peuvent se borner à en prescrire l'abaissement au point convenable, *usquè dùm non noceat,* sans violer les règles de la compétence.

Étrange conséquence, qu'un tribunal soit compétent pour faire détruire entièrement un barrage, mais qu'il ne le soit pas pour en faire supprimer seulement une partie !

La Cour de cassation, sans doute, avait senti la bizarrerie de cet arrêt, car, quatre mois plus tard, c'est-à-dire le 28 décembre 1830, appelée à juger une question semblable, elle décida que, quand un barrage est nuisible et a été établi sans autorisation administrative, les tribunaux auxquels ce nouvel œuvre est déféré doivent renvoyer les parties devant l'administration pour qu'elle procède au règlement d'eau.

Sa décision était fondée sur ce motif que l'autorité administrative est seule chargée de fixer la hauteur des eaux, et que l'autorité judiciaire n'est investie du droit de statuer sur les intérêts privés que lorsque le règlement administratif a été violé.

Or une semblable décision suggère à Daviel les réflexions suivantes : « Faut-il assimiler à des » règlements généraux, commandant déférence » absolue à l'autorité judiciaire, les ordonnances » royales qui, en autorisant une usine, une prise » d'eau pour l'irrigation ou un barrage pour la » pêche, peuvent porter atteinte à des droits pri- » vés? D'abord il n'est pas douteux que s'il résulte » de ces actes un préjudice pour les tiers, les in- » dividus lésés peuvent se pourvoir judiciairement » pour obtenir des dommages-intérêts, et nous » avons déjà remarqué, n° 646, qu'avec ce droit » de prononcer des dommages-intérêts, les tribu- » naux peuvent rendre si onéreuse la conservation » du droit conféré par l'ordonnance royale, que le » concessionnaire se trouverait forcément amené à » abdiquer son droit plutôt que de continuer d'en » jouir au prix où on en mettrait l'exercice. » (*Traité des cours d'eau*, t. III, p. 447.)

Mais si des peuples étrangers venaient s'ins- truire à notre école, quelle idée auraient-ils d'une législation où la solution des difficultés réside dans une question d'argent, et où le droit méconnu est obligé de s'imposer par des moyens détournés ?

La jurisprudence de la Cour de cassation mérite, comme on le voit, une sérieuse attention.

C'est qu'en effet ordonner comme dans le premier

cas la destruction d'un barrage pendant qu'il serait
possible d'en conserver une partie, et alors que tout
le monde sait que la tenue des eaux au point *maxi-
mum* qu'elles peuvent atteindre sans nuire à personne est aussi la condition dans laquelle elles peuvent rendre le plus de services à l'agriculture et à
l'industrie, c'est tout simplement, pardonnez-moi
l'expression, Messieurs les Sénateurs, commettre
un acte de vandalisme judiciaire.

Mais serait-il plus juste d'admettre que les tribunaux ne doivent être investis du droit de statuer
sur les intérêts privés que lorsque le règlement administratif a été violé ? Non évidemment, car alors
ils n'auraient plus jamais l'occasion de *concilier*,
ainsi que le veut l'article 645 du Code Napoléon,
*les intérêts de l'agriculture avec le respect dû à la
propriété.*

Que l'administration *(celle du département bien
entendu),* fasse de la conciliation amiable, rien de
mieux ; mais voyez ce qu'il arrive quand elle
veut faire de la conciliation forcée, et par conséquent s'attribuer le droit de prononcer souverainement en matière de règlement d'eau.

« *Lorsque dans la visite des lieux,* dit l'instruc-
» tion ministérielle du 25 octobre 1851, *les parties*
» *intéressées parviennent à s'entendre et font entre*
» *elles des conventions amiables, l'ingénieur doit*

» *constater cet accord dans le procès-verbal. Cette*
» *constatation, signée des parties, est régulière, et le*
» *comité des travaux publics du conseil d'Etat a*
» *reconnu qu'elle suffit pour que l'administration*
» *puisse statuer.* »

Mais là où il suffit que les parties soient d'accord pour que l'administration puisse statuer, on conviendra bien que si les intéressés ne s'entendent pas, et que si, malgré cela, l'autorité administrative décide souverainement, elle s'attribue l'office de juge, et cela sans aucun des moyens d'appréciation que la loi a accordés au pouvoir chargé de rendre la justice.

On sait, en effet, que l'autorité administrative n'a pas qualité pour entendre les parties sous la foi du serment, qu'elle ne peut ordonner une expertise ni forcer personne à comparaître dans ses enquêtes, qu'elle ne peut, en un mot, recueillir que de simples renseignements, qui peuvent bien suffire pour amener les riverains à faire entre eux des conventions amiables, mais non pour trancher les points de droit sur lesquels ils ne tomberaient pas d'accord.

Il est vrai que pour parer à cet inconvénient, l'administration a imaginé de réserver les droits des tiers, mais il n'est pas sans intérêt de voir ce qu'il advient de cette réserve, par laquelle elle

pense donner satisfaction aux intérêts qu'elle a la
prétention de régler.

La loi seule, vous le savez, Messieurs les Sénateurs, peut faire fléchir le droit de propriété ;
aussi jamais elle ne réserve les droits de personne.
Cette réserve de sa part ne serait qu'une absurdité ;
mais serait-il plus raisonnable à l'administration de
l'insérer dans ses règlements d'eau, s'ils ne devaient
être, comme elle le prétend, que des actes de
pure administration, non susceptibles d'être attaqués par la voie contentieuse ?

Vous allez voir que non, et l'exemple suivant
suffira pour vous démontrer de la manière la
plus évidente que cette réserve ne peut nullement
protéger la propriété et n'est au fond qu'un déni de
justice.

Une ordonnance réglementaire du 15 avril 1822
avait réglé le régime des eaux de la Crise, rivière
non navigable. Elle avait eu pour objet de mettre un
terme aux difficultés élevées entre les riverains et les
propriétaires d'usines existantes sur cette rivière.

L'art. 15 de l'ordonnance contient la disposition
suivante :

« Le présent règlement d'administration pu-
» blique ne préjuge rien sur les droits de possession
» et de propriété que les riverains et autres parti-
» culiers pourraient se croire fondés à prétendre

» sur ce point, la connaissance des difficultés de
» cette nature appartenant aux tribunaux. »

A la première lecture, on pourrait croire que
cette clause est une réserve tutélaire pour les droits
privés, lesquels continueraient de subsister et
pourraient toujours se faire reconnaître par les tribunaux, mais on va juger de sa véritable valeur.

Les sieurs Haningue, Gélas et autres formèrent
tierce opposition à cet acte, sur le motif qu'il di-
minuait le volume alimentaire de leurs moulins ;
ils concluaient à ce qu'il fût sursis à son exécution,
attendu qu'il portait atteinte à leurs droits, fondés
en titres, jusqu'à ce que ces titres aient été exami-
nés et appréciés par le Conseil ou par les tribunaux.

Mais leur recours fut déclaré non recevable.

« Considérant, dit l'arrêt du Conseil d'Etat, que
» l'ordonnance royale du 15 mars 1822 est un rè-
» glement d'administration publique, qui ne peut
» être attaqué par la voie contentieuse ; — consi-
» dérant que l'art. 15 de ladite ordonnance réserve
» les droits auxquels les propriétaires d'usines sur
» la rivière de Crise pourraient se croire fondés par
» titres ou autrement, ainsi que la connaissance à
» qui de droit des contestations qui pourraient sur-
» venir à cet égard ; — que dès lors les demandes
» que les propriétaires d'usines peuvent se faire

» respectivement se réduisent à des questions de
» dommages-intérêts en vertu de titres qui ne peu-
» vent être appréciés que par les tribunaux ,
» etc. »

Cet arrêt suggère à Daviel [1] les réflexions
suivantes :

« Mais c'est peu d'ouvrir ainsi, en principe, une
» action en dommages-intérêts ; comment l'orga-
» niser dans la pratique ? Supposez que des juge-
» ments ou des conventions privées intervenues
» entre deux propriétaires d'usines leur aient attri-
» bué le volume ou la pente d'une rivière dans
» certaines proportions, et que cet état de choses
» soit renversé par une ordonnance royale, il
» peut arriver que ce qui est enlevé à l'un ne soit
» pas attribué à l'autre. A quel titre, en ce cas, le
» premier réclamerait-il du second une indemnité
» quelconque ? Et lors même que l'un serait gra-
» tifié en même temps que l'autre serait dépouillé,
» à quel titre le second réclamerait-il du premier
» une indemnité ? Celui-ci répondrait qu'il n'a rien
» demandé à l'administration, et qu'on ne peut le
» forcer à payer ainsi un avantage qu'il n'a pas re-
» cherché. Il nous paraît que les propriétaires des
» fonds sacrifiés n'ont d'indemnité à réclamer que

---

(1) *Traité des cours d'eau*, t. II, p. 108.

» de l'Etat lui-même, suivant les distinctions que
» nous avons faites nos 567 et 568. De particulier à
» particulier les modifications résultant de l'appli-
» cation d'un nouveau règlement sont un fait du
» prince, force majeure dont personne ne doit ga-
» rantie ou indemnité. »

Cette dernière réflexion de Daviel est parfaitement juste ; un semblable règlement est un fait du
prince dont personne ne doit garantie ; mais d'a-
bord comment cet auteur s'y prendrait-il pour obtenir de l'Etat les indemnités dues, s'il n'a pas
même la possibilité de faire valoir ses droits par
la voie contentieuse ? Et ensuite, est-ce à l'Etat à
payer l'indemnité d'une chose qui ne profite qu'à
des particuliers ?

Voilà cependant les inextricables difficultés que
fait naître une fausse doctrine ; aussi ne découvre-
t-on plus qu'incohérence et contradiction dans les
actes de l'autorité administrative, une fois qu'elle
s'est lancée dans cette voie inconstitutionnelle.

Ainsi il est facile de remarquer que pendant que
l'ordonnance laisse entière la question de propriété,
l'arrêt du conseil la réduit à une simple question de
dommages-intérêts.

Sur quoi il est bon de faire observer d'abord que
si les tribunaux peuvent modifier l'ordonnance en
ce qui concerne les droits privés, *comme celle*

ordonnance ou autorisation n'a, ainsi que le disait
M. le rapporteur de votre commission, *d'autre
but que d'empêcher que les ouvrages de retenue
des eaux ne nuisent aux tiers,* il s'ensuit qu'il n'y
a pas lieu de s'étonner s'il ne reste debout aucune
de ses prescriptions par suite de dispositions con-
traires de l'autorité judiciaire; ce qui fait qu'en
réalité le gouvernement ne remplit, en intervenant
dans l'affaire, qu'une simple mission de conseil.

Mais s'il ne s'agit que d'éclairer les riverains et
les tribunaux sur les questions qui tiennent au régime des eaux, quelle nécessité de faire intervenir
le souverain lui-même dans ces démarches préliminaires, pendant qu'il y a dans la hiérarchie administrative un magistrat *(le préfet)* que la constitution a justement mis à portée des deux sortes
d'intérêts qui s'agitent dans le monde, en dehors
de la sphère où se meuvent les intérêts purement
privés *(je veux parler de l'intérêt général et de
l'intérêt local)* afin d'éclairer les pouvoirs chargés
de les régir, c'est-à-dire afin de venir en aide au
gouvernement pour la solution des questions *d'intérêt général,* et de prêter son concours à l'autorité judiciaire pour la solution des questions *d'intérêt local.*

Si encore il y avait eu erreur de la part du législateur et si, oubliant les principes fondamentaux

de notre organisation sociale, il avait mal à propos appelé le gouvernement à trancher les questions *d'intérêt local*, on comprendrait les écarts de
la jurisprudence actuelle, mais ce qui ne doit pas
peu surprendre les esprits réfléchis, c'est que cette
jurisprudence soit en désaccord avec la législation,
à ce point que l'administration centrale invoque à
l'appui de son pouvoir des lois qui ne réclament
précisément que l'intervention du préfet.

Voilà les réflexions auxquelles peuvent donner
lieu les dispositions de l'ordonnance précitée.
Maintenant, pour ce qui concerne l'arrêt du conseil
sur les réclamations soulevées contre cette ordonnance, on remarquera que le tribunal administratif
intervient pour dire qu'elle aura son plein et entier
effet, et que les questions de propriété se réduiront
simplement à des dommages-intérêts.

Or, le conseil n'oublie qu'une chose, c'est que
de particulier à particulier un droit de propriété
ne peut jamais se résoudre en un droit à une indemnité, à moins que ce droit ne résulte d'une loi
et ne rentre dans la catégorie des servitudes légales.

Ainsi, par exemple, il est bien vrai qu'un riverain qui a besoin des eaux d'une rivière pour l'irrigation de ses fonds peut aujourd'hui les amener là
où elles lui sont utiles, en les faisant passer à travers les héritages supérieurs, à charge d'indem-

nité bien entendu, quand un obstacle naturel,
comme serait l'escarpement des rives, s'oppose à
ce qu'il les fasse couler directement de la rivière
sur sa propriété. Mais cette faculté, de qui la tient-
il? Est-ce du gouvernement? Non évidemment,
puisque celui-ci ne peut disposer que des propriétés domaniales; il la tient uniquement de la loi du
29 avril 1845.

Eh bien! où est la loi qui autorise l'administration
à opérer la répartition des eaux d'une rivière lorsqu'elle ne forme point une dépendance du domaine
public, et à gratifier par là un riverain aux dépens
de ses voisins?

Mais quelle était donc l'intention de l'administration en intervenant dans l'affaire dont je viens
de parler? C'était de venir en aide aux riverains,
de régler l'emploi des eaux sur lequel ils n'étaient
pas d'accord. Ce but à coup sûr était très louable :
mieux que personne les agents de l'autorité administrative pouvaient les aider de leurs calculs et des
données de la science, favoriser les arrangements,
étouffer les procès, en faisant connaître à chacun
son droit, et à défaut d'entente des intéressés,
fournir aux tribunaux des données précieuses
pour le règlement des points litigieux.

Mais au lieu de s'en tenir là, que fait l'administration?

Elle dit aux riverains : *Puisque vous ne vous en-
tendez pas sur l'usage de vos droits, je vais les absorber et vous distribuer discrétionnairement un
bien dont vous ne savez pas jouir en paix.*

Singulière manière de rendre la justice! Si encore
la jurisprudence administrative s'arrêtait là, la mesure serait draconienne; mais le comble de l'in-
justice, on pourrait presque dire de la dérision,
c'est de renvoyer de malheureux prétendants-droit
devant les tribunaux civils se morfondre et souvent
consommer leur ruine en frais et réclamations sans
but, du moment où l'administration a jugé souverainement.

DES MESURES DE POLICE CONSERVATRICE ;

QU'ELLES SONT, IL EST VRAI, EXCLUSIVEMENT DE LA COMPÉTENCE
DE L'AUTORITÉ ADMINISTRATIVE, MAIS PEUVENT TOUJOURS
DONNER LIEU A UN RECOURS PAR LA VOIE CONTENTIEUSE, LORS-
QUE LA RIVIÈRE N'EST PAS DOMANIALE.

14. — « *Le gouvernement défend les propriétés,
mais il ne leur donne pas l'existence,* » disait l'archichancelier Cambacérès dans une discussion du
conseil d'État rapportée par Locré [1]. Ce législateur avait raison, car le gouvernement peut, comme
on va le voir, prendre des mesures de défense ou

(1) Législation de la France, t. IX, p. 206.

de conservation de la propriété privée sans toucher aux droits qui y sont inhérents, mais il ne saurait la créer parce qu'il ne peut faire de concessions que sur les propriétés domaniales, et qu'alors, agissant toujours dans un intérêt général, le mode de jouissance qu'il autorise reste naturellement soumis aux exigences de cet intérêt; d'où il suit que les droits qu'il cède ne peuvent être que de simples droits d'usage, essentiellement révocables [1].

Or, les mesures destinées à protéger la propriété n'ont pas seulement cela de particulier qu'elles ne peuvent pas porter atteinte aux droits du pro-

---

[1] Cette règle ne souffre qu'une seule exception, celle dont il est parlé dans l'article 552 du Code Napoléon et qui est relative aux mines.

« *La propriété du sol*, dit cet article, *emporte la propriété du des-* » *sus et du dessous. Le propriétaire peut faire au-dessus toutes les* » *constructions qu'il juge à propos, sauf les exceptions établies au* » *titre* DES SERVITUDES OU SERVICES FONCIERS. »

Voici le § de l'article applicable aux eaux, puisque le mode de jouissance de cette nature de propriété est établi sous CE TITRE au chapitre *des servitudes qui dérivent de la situation des lieux:*

« *Il* (le propriétaire) continue l'article 552, *peut faire au-dessous* » *toutes les fouilles qu'il jugera à propos, et tirer de ces fouilles tous* » *les produits qu'elles peuvent fournir, sauf les modifications résul-* » *tant des lois et règlements relatifs aux mines.*» Voilà pour ce qui concerne ce genre de propriété. L'impossibilité pour la plupart des particuliers de pouvoir exploiter les mines qui gisent à de grandes profondeurs sous leurs propriétés, et la nécessité de ne pas laisser enfouies des richesses précieuses, ont seules motivé les exceptions au grand principe de l'inviolabilité de la propriété que comporte la loi du 21 avril 1810.

priétaire; elles diffèrent encore des mesures de police répressive, qui sont exclusivement de la compétence des tribunaux civils, en ce qu'elles ne sont pas de nature à pouvoir être appliquées par l'autorité judiciaire; d'où il suit qu'il faut bien admettre l'intervention du gouvernement pour tout ce qui est mesure de police conservatrice, et l'admettre *par voie de règlement d'administration publique*, car le pouvoir exécutif ne peut pas procéder différemment.

Mais qu'on ne s'effraie pas trop de la forme en laquelle il intervient, parce que du moment où la propriété n'est pas domaniale, les actes du gouvernement lui-même restent, suivant l'esprit de nos institutions modernes, soumis à une juridiction contentieuse.

Il est vrai que c'est devant les tribunaux administratifs que l'affaire doit alors être portée, parce que, conformément à la loi du 16 fructidor an III, l'autorité judiciaire ne peut connaître sous aucun prétexte des actes du gouvernement.

Mais on verra que cette juridiction exceptionnelle suffit cependant pour donner à la propriété les garanties qui lui sont dues, parce que ce ne sont point des délits et contraventions que l'administration est chargée de réprimer, mais seulement les obstacles que la nature elle-même ou des ouvrages

d'art *légalement établis* apportent à la jouissance des
particuliers, qu'elle a mission de faire disparaître.

Eh bien, ce qui fait que les tribunaux civils rem-
pliraient mal cette mission ou, pour mieux dire, ne
pourraient pas la remplir du tout, c'est qu'elle
exige des mesures d'ensemble qui dépasseraient
leur sphère d'action.

On comprend parfaitement que la police répressive, celle qui consiste à faire cesser un délit ou
une contravention, puisse être faite par eux, puisqu'il est facile au tribunal de la localité sur laquelle
l'entreprise du riverain a eu lieu, de connaître de
l'affaire, même quand cette entreprise est de nature
à porter atteinte à un intérêt de localité, parce que
dans ce dernier cas il est facile au préfet d'aider
l'autorité judiciaire dans ses investigations sans
que le gouvernement soit obligé de s'en mêler.

Mais on conçoit aussi que la police conservatrice, celle qui n'a pour but que de coordonner des
moyens d'action sur une rivière plus ou moins importante, dont le cours s'étend quelquefois bien
au delà du ressort d'un tribunal, et d'obvier aux
inconvénients qui pourraient résulter d'un défaut
d'ensemble dans l'exécution des travaux qui doivent y être exécutés, comme quand il s'agit du curage, on conçoit, dis-je, que la direction de ces travaux
ne puisse être confiée qu'à l'autorité administrative.

Que faut-il alors pour sauvegarder les intérêts privés? Admettre tout simplement qu'en raison de la non-domanialité de la rivière, quand il s'agit d'un cours d'eau qui n'est pas navigable, un recours peut être ouvert aux réclamations par la voie contentieuse et non pas seulement par la voie gracieuse.

Eh bien, c'est ce recours qu'autorise la loi du 14 floréal an XI, loi qui n'a trait qu'aux rivières non domaniales, et dont l'article IV est ainsi conçu :
« *Toutes les contestations relatives au recouvre-*
» *ment des rôles, aux réclamations des individus*
» *imposés et à la confection des travaux, seront*
» *portées devant le conseil de préfecture, sauf re-*
» *cours au gouvernement, qui décidera en conseil*
» *d'État.* »

Mais quelle espèce de travaux l'administration peut-elle faire exécuter ? Sont-ce ceux qu'il lui plaît d'ordonner? Non évidemment, car si elle pouvait les imposer discrétionnairement, comme sur les rivières navigables, elle ferait acte de propriété ou de libre disposition des eaux, et le recours par la voie contentieuse n'aurait alors pas plus de raison d'être que sur les rivières domaniales.

Or, pour que l'administration ne s'y trompe pas, la loi précitée du 14 floréal an XI explique encore « *qu'il sera pourvu au curage des canaux*

h

» et rivières non navigables, et à l'entretien des
» digues et ouvrages d'art qui y correspondent, de
» la manière prescrite par les anciens règlements
» ou d'après les usages locaux. »

Ainsi, s'il existe un ancien règlement ou un
usage local, ils doivent être ponctuellement exécutés; mais à défaut du premier et si le second présente des difficultés, il n'appartient pas au gouvernement d'y suppléer par des règlements de pure
administration, parce que ces règlements ne seraient
pas de même nature que ceux qu'ils seraient desti-
nés à remplacer.

Il faut bien faire attention que si les règlements
émanaient anciennement des seigneurs en raison
de la banalité des cours d'eau non navigables, ils
ne sauraient, aujourd'hui que la propriété est franche et libre, être l'œuvre de l'autorité administrative seule.

Celle-ci ne peut faire qu'une chose, et une chose,
je le répète, que l'autorité judiciaire n'est pas à
même d'exécuter; elle ne peut que présider et
tenir la main à ce que les différents règlements ou
usages locaux relatifs au curage des rivières soient
appliqués partout en temps opportun, de manière
que le défaut d'ensemble dans l'exécution des travaux ne soit pas un obstacle à la réussite d'une opération si essentielle au bon entretien des cours d'eau.

Ainsi, il y a dans ce qui constitue l'opération du curage deux choses fort distinctes : réunir et mettre à profit toutes les ressources des localités riveraines, c'est là le fait de l'autorité administrative ; et préalablement déterminer quelles sont ces ressources ou moyens d'action, c'est là ce qui ne peut plus être de la compétence exclusive de cette autorité, laquelle est alors obligée de procéder de la manière que je vais indiquer.

Remarquez, Messieurs les Sénateurs, que le curage d'une rivière non navigable ne peut pas atteindre les proportions d'une question d'intérêt général, parce que cette opération n'intéresse que les propriétaires des terrains sujets à l'inondation. Dès lors, on ne saurait y faire contribuer le pays tout entier, comme quand il s'agit de nettoyer le lit d'une rivière navigable ou flottable.

Or, comme d'une part on ne peut comprendre au nombre des propriétés domaniales que celles qui sont à la charge de l'État, et comme de l'autre le gouvernement ne peut avoir d'action discrétionnaire que sur ces sortes de propriétés, il en résulte que lorsque sur un point quelconque d'une rivière qui ne fait pas partie du domaine public il n'y a pas de règlements pour le curage, ou que l'usage local présente des difficultés, ce n'est pas au gouvernement lui-même à déterminer comment et par qui les travaux seront exécutés. Sa mission consiste alors à faire dresser par ses ingénieurs un projet de règlement qui doit être soumis aux intéressés réunis en association syndicale.

A défaut d'entente des riverains, c'est une commission composée ordinairement de neuf membres et choisie par le gouvernement parmi les gens compétents mais désintéressés dans la question, qui doit déterminer le mode de curage et arrêter en même temps les mesures relatives à l'élargissement du cours d'eau lorsque le curage à vieux bords ou à vif fond est insuffisant.

Les travaux d'endiguement sont encore compris au nombre des mesures de défense et d'amélioration des rivières, et doivent s'exécuter par conséquent en la même forme que les travaux de curage et d'élargissement.

Mais, malheureusement, les dispositions légales relatives à la conservation des cours d'eau non navigables ne sont pas mieux observées que celles qui ont trait à la répression des délits et contraventions qui peuvent s'y commettre.

Il est vrai de dire que ces dispositions laissent à désirer sous le rapport de la clarté, et que pour les bien comprendre il n'est pas inutile de se rendre exactement compte des bornes dans lesquelles ont été circonscrites par la constitution les attributions de l'autorité administrative; mais néanmoins, quelque obscures et même incomplètes que soient les lois du 14 floréal an XI et du 16 septembre 1807, sur lesquelles j'aurai à revenir plus tard, il est aisé de voir qu'elles ne s'écartent point de l'esprit de notre législation, et qu'aucune de leurs dispositions ne saurait être interprétée dans un sens contraire au droit de propriété des riverains.

Le quatrième chapitre du *Traité* ci-joint *de notre législation des eaux* contenant le commentaire complet des lois qui ont trait à la conservation des rivières non domaniales, je me contenterai, Messieurs les Sénateurs, dans le rapide aperçu de cette pétition, de vous signaler encore parmi les errements de la jurisprudence actuelle cette singulière anomalie, à savoir, que l'administration puise plus d'autorité dans la mission confiée à un préfet que dans celle confiée au gouvernement lui-même.

Comment! les actes accomplis par le gouvernement en vertu de la loi du 14 floréal an XI sur le curage pourraient, comme on l'a vu plus haut, donner lieu à un recours par la voie contentieuse, et ceux accomplis en vertu des lois du 20 août 1790 et du 6 octobre 1791, qui ne réclament que l'intervention de l'autorité départementale, seraient inattaquables, aussi bien devant la juridiction administrative que devant celle des tribunaux civils!

Il y a, vous en conviendrez, Messieurs les Sénateurs, dans cette jurisprudence si peu en harmonie
avec la loi, quelque chose qui heurte le bon sens.

Mais rien ne vous sera plus facile que de rétablir les choses en leur ordre, quand vous aurez
reconnu que le pouvoir de l'autorité administrative ne peut pas s'exercer de la même manière
sur une rivière domaniale que sur une rivière qui ne
l'est pas, et que si dans le premier cas les actes de
cette autorité ne sont pas attaquables par la voie
contentieuse, parce qu'elle agit en qualité de propriétaire, dans le second un tribunal administratif
se dresse devant elle pour juger ses actes.

De là vous tirerez cette grave et importante conclusion, qu'en principe, quand la loi réclame l'intervention du gouvernement sur une rivière non
domaniale, elle soumet ses actes à la juridiction
administrative, la seule qui puisse connaître des
actes administratifs. Mais que quand elle ne réclame que l'intervention du préfet, elle ne soumet
ses actes à aucune juridiction, parce qu'aux termes
de la loi du 20 août 1790 (chap. 1), cet agent de
l'administration n'a pas qualité pour faire des règlements, et que par conséquent ses arrêtés, quand
ils tendent à régler une question de domanialité, ne
sont que les actes préparatoires du décret à intervenir, et que quand ils tendent à régler une ques-

tion de propriété, ils ne peuvent faire la loi des parties qu'autant qu'ils ont reçu l'assentiment des intéressés.

DU FAIT DU PRINCE.

QU'IL DOIT CESSER D'ÊTRE CONSIDÉRÉ COMME UN ACTE LÉGAL, PARCE QU'IL N'EST AUTRE CHOSE QUE LE DROIT QUE S'EST ATTRIBUÉ LE GOUVERNEMENT DE FAIRE, A LA FAVEUR DU SYSTÈME *res nullius*, LA POLICE DE CERTAINES NATURES DE PROPRIÉTÉS QUI, COMME LES COURS D'EAU NON NAVIGABLES, ONT ÉTÉ LAISSÉES DANS LE DOMAINE DES PARTICULIERS.

15. —Comment a-t-on jamais pu supposer au gouvernement le droit de contrôler *dans un intérêt de police* et par conséquent de modifier *sans indemnité* le mode de jouissance des particuliers sur les cours d'eau non navigables, quand, en réalité, il n'a pas, même *en indemnisant* les riverains de ces cours d'eau, la faculté de les déposséder *dans un but d'intérêt général*, pour les besoins de la navigation par exemple, sans y être autorisé par une loi spéciale !

Vous vous rappellerez, Messieurs les Sénateurs, la discussion à laquelle l'article 545 du Code Napoléon a donné lieu.

Cet article, il est vrai, dit tout simplement : « *Nul* » *ne peut être contraint de céder sa propriété, si* » *ce n'est pour cause d'utilité publique et moyen-*

» *nant une juste et préalable indemnité;* » mais
il ne faut pas oublier que les auteurs du Code
avaient ajouté dans la première rédaction de l'article ces mots: *et en vertu d'une loi;* et qu'ils ne
furent retranchés que sur l'observation suivante
du consul Cambacérès:

« Ces mots, disait ce législateur, pourraient être
» interprétés d'une manière défavorable; il sem-
» blerait qu'on aurait supposé au gouvernement
» la prétention d'exproprier arbitrairement les ci-
» toyens et qu'on aurait voulu établir une garantie
» de plus contre les abus du pouvoir. Il n'en est
» pas besoin sans doute, car il n'y a pas eu une
» seule expropriation arbitraire, et si la nation, au
» lieu de vivre sous un gouvernement juste et pa-
» ternel, se trouvait un jour sous un gouvernement
» violent ou despotique, ce ne seraient pas quel-
» ques mots de plus insérés dans la loi qui garan-
» tiraient la propriété du citoyen. Le principe
» qu'aucune expropriation ne peut avoir lieu sans
» loi est incontestable, et il est scrupuleusement
» observé. Il est superflu, et il serait inconvenant
» de l'exprimer. »

Eh bien, ce qu'on peut reprocher aujourd'hui
à l'administration centrale, ce n'est pas positivement
de s'écarter de ce principe, car lorsqu'elle diminue
ou supprime une chute d'eau *par mesure de police,*

elle invoque à l'appui de cet acte les lois du 20 août 1790 et du 6 octobre 1791 ; mais ce qu'on peut lui reprocher, c'est de donner à ces lois une signification tout autre que celle qu'elles ont réellement et d'éluder, à la faveur de cette fausse interprétation, la prescription essentielle de l'article 545, qui a été inséré dans le Code précisément dans le but de rappeler à l'administration qu'elle ne peut sous aucun prétexte toucher *sans indemnité* au mode de jouissance des propriétés qui ne font pas partie du domaine public, et par conséquent aux ouvrages d'art établis sur les rivières non domaniales.

Aussi, avec la prétention qu'élève aujourd'hui le gouvernement de faire la police de certaines propriétés qui, comme les cours d'eau non navigables, ont été laissées par la loi dans le domaine des particuliers, est-on obligé d'admettre en justice la dérogation aux règles du droit commun connue sous le nom de *fait du prince*.

Or, voici la définition que Daviel nous donne de cet acte administratif, en parlant du règlement des eaux non domaniales, auquel il reconnaît avec raison tous les caractères du fait du prince :

« *C'est*, dit-il, *un événement de force majeure,* » *qui ne peut engager devant les tribunaux la responsabilité de personne, parce que nul ne saurait* » *répondre des modifications que le gouvernement*

» *peut apporter au mode d'exploitation d'une*
» *rivière non domaniale, quand l'acte dont il s'agit*
» *est une mesure prise, en vertu des lois de 1790*
» *et de 1791, dans un but d'intérêt général, c'est-*
» *à-dire est un acte de pure administration, inat-*
» *taquable par la voie contentieuse.* »

Cette définition du fait du prince est parfaitement conforme à l'idée qu'on se fait aujourd'hui
de cet acte administratif, mais ce qui n'est pas peu
surprenant, c'est que personne ne fasse difficulté
de lui reconnaître un caractère de légalité, et que
la plupart des commentateurs de notre législation
des eaux, donnant des lois de 1790 et de 1791
une interprétation erronée, supposent que la police
d'une rivière privée ou non domaniale peut se faire
comme celle d'une rivière publique ou domaniale,
par un acte de pure administration, inattaquable
par la voie contentieuse.

Comment ne voit-on pas que *le fait du prince* est
l'acte le plus arbitraire qui puisse se concevoir en
législation, puisqu'il résulte de son application qu'un
particulier qui possède une propriété, qu'il a le
droit de croire stable parce que le premier attribut
du droit de propriété est la stabilité, peut être dépouillé *sans indemnité* ou gêné dans l'emploi qu'il
fait de son bien par une autorité qui n'a pas qualité pour trancher des questions de propriété.

La propriété ne devant, dans un pays libre, relever que des tribunaux civils, *le fait du prince,* qui la soustrait à ses juges naturels, serait donc une tache dans nos institutions et l'indice certain d'une mauvaise législation si réellement il était autorisé par la loi.

Mais heureusement chez nous il n'est que le résultat d'une mauvaise jurisprudence, car les auteurs de notre législation moderne n'ont rien négligé pour l'éviter.

Pourquoi, par exemple, ont-ils déclaré domaniales les eaux des rivières navigables qui sont abandonnées à l'industrie privée, si ce n'est pour ne pas entraver l'administration dans les mesures qu'elle peut avoir à prendre pour le service de la navigation, et afin qu'une dépossession dans ce cas-là n'ait pas le caractère *imprévu et de force majeure* qui distingue le fait du prince.

Ainsi, celui qui se sert des eaux d'une rivière navigable sait bien qu'il ne tient pas son droit, comme sur les autres cours d'eau, de sa qualité de riverain, mais bien d'une concession gracieuse du gouvernement, essentiellement révocable, puisqu'il s'agit là d'une propriété inaliénable. Sa dépossession ne saurait donc être considérée comme un événement imprévu.

Mais sur une rivière non domaniale, où la

jouissance du riverain n'est pas subordonnée aux
exigences d'un service d'utilité générale, et où le
gouvernement lui-même ne fait pas difficulté de reconnaître qu'une indemnité est due à celui dont
il trouble la jouissance dans le but de rendre la
rivière navigable , la mesure administrative qui
le dépouille *sans indemnité,* n'a-t-elle pas tout à
fait ce caractère d'un événement imprévu qui en
fait un véritable acte de spoliation ?

Comment ne comprend-on pas que le gouvernement ne peut pas exercer des attributions de
police sur des rivières qui, du moment où elles ne
lui appartiennent pas et où le système *res nullius*
ne leur est pas applicable, se trouvent exclusivement placées sous la sauvegarde des tribunaux civils?

D'ailleurs, une chose à laquelle on ne fait pas
attention, c'est que la police proprement dite, celle
qui tend à réprimer des délits ou contraventions,
est un des attributs exclusifs de l'autorité judiciaire,
qui peut connaître, *même sur les rivières domaniales,* du préjudice que le gouvernement cause
aux propriétés riveraines, avec cette seule mais
importante distinction que les tribunaux n'ont dans
ce cas-là qu'à estimer le dommage et non à en faire
disparaître la cause, parce qu'il ne leur appartient
pas de contrôler ce que l'administration peut faire

sur une propriété domaniale dans l'intérêt du service public qui y est établi.

C'est donc se servir d'une expression très inexacte que de dire que le gouvernement fait la police des rivières domaniales, puisque l'action qu'il y exerce n'est autre que celle inhérente à son droit de propriété, car quand il empêche les usagers de ces rivières de nuire tant à la navigation qu'aux propriétés riveraines, ce n'est en définitive que parce que le droit de ces usagers est entièrement subordonné aux exigences de la navigation, et que parce que s'il tolérait le préjudice qu'ils peuvent causer aux propriétés riveraines, c'est lui qui deviendrait responsable du dommage qu'il aurait pu empêcher.

DU SYSTÈME RES NULLIUS,

ORIGINE ET ÉCHEC DE CE SYSTÈME, AU NOM DUQUEL SE COMMET
le fait du prince.

16.—Une des choses à laquelle vous tiendrez le plus, Messieurs les Sénateurs, c'est à ne pas mettre les dispositions du nouveau Code rural en opposition avec celles du Code Napoléon, car personne n'a aujourd'hui la prétention d'avoir découvert un système plus conforme aux grands principes de 1789,

que les auteurs de cette œuvre immortelle ; mais
ce qui n'est pas peu surprenant, c'est l'illusion
que se font aujourd'hui les commèntateurs du
Code sur son véritable esprit.

« Le Code Napoléon, dit M. le rapporteur de votre
» commission du projet de Code rural, ne laisse au-
» cun doute sur la propriété des rivières navigables
» ou flottables. — L'article 538 déclare que ces
» rivières font partie du domaine public. — Mais
» que faut-il décider relativement à la propriété
» des cours d'eau non navigables et non flottables?
» Ici se présente l'une des questions les plus
» ardues et les plus importantes du régime des
» eaux ; elle divise profondément les tribunaux et
» les jurisconsultes. »

Que la question soit importante, j'en conviens,
mais qu'elle soit aussi ardue que veut bien le dire
M. le rapporteur de la commission du projet de
Code rural, c'est ce que je conteste, car il suffit de
faire le raisonnement suivant pour ne conserver
aucun doute sur la condition que les auteurs du
Code ont entendu faire aux cours d'eau non navigables ni flottables.

L'art. 538 du Code Napoléon disant simplement:
« *Les fleuves et rivières navigables et flottables, et*
» *généralement toutes les portions du territoire*
» *national qui ne sont pas susceptibles de propriété*

» *privée, sont considérées comme des dépendances* » *du domaine public,* » il est d'abord facile de voir que si les rivières non navigables ni flottables ne pouvaient pas être rangées dans la catégorie des propriétés privées, elles ne pourraient pas non plus être considérées comme *res nullius*, puisque l'art. 538 n'admet pas de milieu entre la condition de propriété domaniale et celle de propriété privée.

Puis, comment ne pas reconnaître que c'est cette dernière condition qu'il faut leur appliquer quand le Code Napoléon, qui ne s'occupe que des choses dites *res singulorum*, règle lui-même le mode d'emploi de *l'eau courante autre*, dit l'art. 644, *que celle qui est déclarée dépendance du domaine public par l'art. 538, au titre de la distinction des biens.*

Sans doute il eût été à désirer qu'un article de loi consacrant en termes plus simples encore le droit de propriété des riverains, fît cesser toute espèce de doute sur la condition des eaux courantes non navigables ni flottables. Nous aurions gagné, à l'existence de cet article, que des esprits superficiels n'auraient pas laborieusement conçu, à côté et en dehors de notre législation, des systèmes plus ou moins inapplicables ; mais d'une part on n'avait pas lieu de supposer que les commentateurs de nos lois se trouveraient si embar-

rassés en présence des articles 558 et 644 du Code
Napoléon, et de l'autre il n'était pas très facile d'exprimer d'une manière claire et précise le droit des
usagers d'un cours d'eau, attendu qu'il peut se
faire, comme on le verra dans le chapitre III du
Traité ci-joint *de notre législation des eaux*, que
des propriétaires non riverains aient droit à l'usage
de l'eau.

La commission du projet du Code rural de 1810,
qui considérait les cours d'eau non navigables
comme susceptibles de propriété privée, avait cru
pouvoir tourner cette difficulté par la rédaction suivante :

« Art. 47. *Les cours d'eau non navigables ni*
» *flottables appartiennent à ceux qui ont le droit*
» *d'en réclamer l'usage.* »

Mais cette rédaction parut banale, et parmi les
commissions des cours impériales appelées à donner
leur avis sur cet article, plusieurs s'accordèrent à
dire que c'était là une de ces vérités qui n'ont pas
besoin d'être proclamées par une loi ; et ce fut la
commission de Bordeaux, moins modérée que les
autres dans son langage, qui fit le mieux sentir la
banalité de l'article, par cette observation assez iro-
nique qu'il valait mieux dire simplement : « *Les*
» *cours d'eau appartiennent à ceux à qui ils ap-*
» *partiennent.* »

Mais si le droit de propriété des eaux ne peut être sérieusement disputé aux riverains des cours d'eau non navigables, il n'est pas sans intérêt de rechercher ce qui a pu donner naissance au système *res nullius*.

De tous temps il y a eu des rêveurs et des utopistes ; seulement il est à remarquer que les systèmes qui se produisent subissent toujours plus ou moins l'influence de l'idée prédominante à l'époque où ils ont été conçus.

Ainsi, pour comprendre pourquoi le principe domanial fut préconisé avant le système *res nullius*, et comment il se fait qu'à l'époque de la révolution il n'était pas question de ce système, il suffit de faire attention qu'après l'abolition *du domaine direct ou de supériorité* que le seigneur exerçait sur *le domaine utile* des terres et eaux banales de son fief, on n'était préoccupé que d'une chose : c'est que, pour être libres, les biens ruraux ne devaient pas, comme sous l'ancien régime, avoir deux maîtres, et que, par conséquent, il fallait attribuer à l'Etat la propriété de tous ceux qu'un intérêt général ou, en d'autres termes, des nécessités de haute police devaient maintenir constamment sous la surveillance et la direction du gouvernement.

L'idée ne vint donc à personne, quand on voulut établir dans le Code rural la condition nouvelle

i

des eaux, de faire une distinction entre celles à l'usage du public et celles qui, étant à l'usage de particuliers, ne sont cependant pas susceptibles d'appropriation privée, comme par exemple les eaux inutiles à la navigation, sur les rivières consacrées à ce service.

Ne nous étonnons pas alors si le rapporteur des comités chargés par l'Assemblée constituante d'examiner la question de propriété des cours d'eau non navigables, le député Arnoult (de Dijon), croyant l'ordre public intéressé à ce que le gouvernement en surveillât constamment l'emploi, proposa de ranger tous les cours d'eau sans exception parmi les dépendances du domaine public.

Mais on sait que cette proposition, ainsi que le projet de loi qui l'accompagnait, furent écartés, sur la motion du député d'Aix, qui fit remarquer ce qu'ils avaient de dangereux, notamment au point de vue des irrigations.

« Avant qu'on ouvre cette discussion, dit ce dé-
» puté, je demande à faire une motion. Le travail
» qu'on vous propose entraîne avec lui la destruc-
» tion du droit d'arrosage, si précieux pour l'agri-
» culture dans les pays méridionaux, et je vous
» annonce qu'un pareil projet porterait la désola-
» tion dans nos départements. » (*Moniteur* du 24 avril 1791.)

Or, sur quelles bases le défenseur des idées domaniales appuyait-il son système?

« *Toute possession exclusive*, disait le député de » Dijon dans un discours plus pompeux que vrai, » *est incompatible avec les vues que la nature s'est* » *proposées en établissant l'union des sociétés sur* » *la communion des éléments.* »

C'est, à n'en pas douter, aux méfiances inspirées par de pareilles utopies qu'on doit la fâcheuse décision de l'Assemblée nationale, qui, tombant dans un excès contraire, accordait, comme vous le verrez, Messieurs les Sénateurs, dans le Commentaire de la loi du 6 octobre 1791, un pouvoir exorbitant aux riverains, qu'elle admettait non-seulement à jouir pleinement et exclusivement des cours d'eau non navigables, mais encore à exercer, en vertu du *droit commun* (1), des prises d'eau sur les rivières consacrées à la navigation, à la seule condition de ne pas gêner ce service.

Plusieurs fois encore des tentatives de domanialité furent faites, mais toujours sans succès.

Ce fut alors que l'administration, voulant asseoir à tout prix son domaine sur les cours d'eau non navigables, préconisa le système *res nullius*. Mais ce système, qu'est-ce autre chose qu'un droit de

_____

(1) Voyez l'article IV du titre Ier de cette loi.

propriété en faveur de l'État, déguisé sous un faux
nom, si, suivant les sévérités de sa jurisprudence,
l'administration peut, quand elle a besoin de ces
eaux, déposséder les riverains sans leur devoir
aucune indemnité?

Aussi ne faut-il pas s'étonner si la loi du 11 juillet 1847 fut, pour ce désastreux système, une
pierre d'achoppement contre laquelle il est venu
s'échouer complétement.

Cette loi, on le sait, autorise, à charge d'indemnité, le riverain qui a besoin d'élever les eaux pour
l'irrigation de ses prairies, à appuyer, lorsqu'il
n'est pas propriétaire des deux bords, un barrage
sur la rive opposée.

Eh bien! cette disposition a complétement mis en
lumière l'absurdité du système *res nullius* et par
conséquent du pouvoir discrétionnaire de l'administration; car si, comme cette autorité le prétend,
une rivière non navigable n'appartenait à personne,
comment n'en disposerait-elle pas comme elle l'entend pour le plus grand avantage des riverains, et
comment forcerait-on le propriétaire d'une rive à
accorder une indemnité au propriétaire de l'autre
rive pour droit d'appui du barrage contre les francs-
bords d'une rivière qui ne lui appartiendrait pas?

Est-ce qu'il est jamais venu à l'idée du riverain
d'un cours d'eau navigable de s'opposer à ce que

l'administration fasse dans le lit de ce cours d'eau tous les travaux d'art qu'elle juge à propos d'y établir? Quel plus grand scrupule celle-ci pourrait-elle donc se faire en administrant quelque chose qui n'appartient à personne, qu'en administrant quelque chose qui appartient à l'État?

Nous voyons que la position était critique pour les partisans du système *res nullius;* ils tentèrent donc un suprème effort, et ce fut M. Levavasseur, député de Rouen, qui se fit l'organe des prétentions de l'autorité administrative en proposant l'amendement suivant :

« ART. 1er. Tout propriétaire qui voudra se ser-
» vir pour l'irrigation de sa propriété des eaux na-
» turelles et artificielles dont il a le droit de dispo-
» ser, pourra obtenir, en se conformant aux lois et
» règlements sur la police des eaux, la faculté
» d'appuyer sur la propriété du riverain opposé
» les ouvrages d'art nécessaires à la prise d'eau.
» Ici je m'arrête et j'ajoute : *Il ne pourra en aucun*
» *cas prendre possession qu'après l'autorisation*
» *accordée par ordonnance royale.* » (Exclamations.) *Moniteur*, discussion de la loi du 11 juillet 1847.

Ces exclamations indiquent assez que cet amendement ne passa point, et, en vertu de la loi de 1847, le gouvernement n'a absolument rien à voir dans l'établissement des barrages d'irrigation (1).

Or, que serait-il résulté de l'adoption de l'amendement de M. Levavasseur, et quel est en effet le résultat de la jurisprudence actuelle, qui ne tient aucun compte du rejet de cet amendement?

Le résultat, le voici, et il n'a pas besoin de commentaire : pendant que l'autorité judiciaire intervient pour dire que le constructeur d'un barrage en lit de rivière paiera une indemnité au riverain de l'autre bord parce que celui-ci est propriétaire de la moitié de la rivière, *usque ad filum aquæ*, l'administration, qui ne peut régler que les choses non susceptibles d'occupation privée, intervient de son côté pour dire que le constructeur de cet ouvrage d'art n'aura droit à aucune indemnité en cas de dépossession pour cause d'utilité publique, parce que la rivière n'appartient à personne.

TRISTES EXEMPLES DU FAIT DU PRINCE,

ET FÂCHEUSE CONDESCENDANCE DE L'AUTORITÉ JUDICIAIRE POUR LES ACTES CONNUS EN JUSTICE SOUS CE NOM.

17. — Ce n'est pas une des études les moins curieuses du droit que celle des inconvénients que

(1) La loi de 1847 n'a trait qu'aux barrages d'irrigation, parce que le législateur n'a pas voulu étendre à l'industrie le droit d'expropriation consenti en faveur de l'agriculture; mais la police des

peut produire le système *res nullius*, si complai-
samment accepté aujourd'hui par la jurisprudence
malgré les échecs qu'il a toujours éprouvés devant
nos assemblées législatives chaque fois que ses partisans ont voulu le couvrir du manteau de la loi.
Aussi les exemples suivants suffiront, j'en suis sûr,
Messieurs les Sénateurs, pour vous tenir en garde
contre les dangers de ce système.

« *Il a été jugé*, dit Dalloz [1], *que les eaux non*
» *navigables et leur lit sont une dépendance du*
» *domaine public sur laquelle les riverains n'ont que*
» *des droits d'usage déterminés par la loi ; qu'en*
» *conséquence, celui dont l'héritage est traversé par*
» *un tel cours d'eau ne peut s'opposer à ce qu'un*
» *autre riverain puisse parcourir ce cours d'eau*
» *à l'aide de petits bateaux dans l'étendue de cet*
» *héritage.* » *(Douai, 18 déc. 1845, aff. Dupas.)*

« *Nous croyons devoir faire observer*, ajoute
» M. Dalloz, *que la question devrait être décidée*
» *dans le même sens, si on adopte le 4° système ci-*
» *après développé. En effet, si les eaux sont* RES
» NULLIUS, *ainsi que nous le prouverons, aucun*
» *riverain n'a le droit de s'opposer à ce qu'on par-*
» *coure le cours d'eau en bateau.* »

eaux n'est ni plus ni moins intéressée à l'établissement d'un barrage d'usine qu'à celui d'un barrage d'irrigation.
     (1) Traité de jurisprudence, t. XIX, page 382, art. 210.

Et d'abord, lorsqu'un cours d'eau non navigable, quelque important qu'il soit, traverse une propriété, le maître du fonds peut, aux termes de l'art.
644 du Code, le détourner, si bon lui semble, dans
l'étendue de son domaine, à la charge seulement
de le rendre, à la sortie de ses terres, à son cours
ordinaire; il peut donc, si cela lui convient, le di-
viser en plusieurs bras, former des cascades ou
chutes d'eau dont rien ne l'empêche d'utiliser la
force motrice.

Mais s'il peut tout cela, comment n'aurait-il
pas le droit d'empêcher un importun de circuler
en bateau au milieu de son jardin ou de son parc,
de jeter sous ses fenêtres, si cela lui plaît, la ligne
au milieu de ses pièces d'eau, comme il pourrait le
faire dans les rivières de l'État où cette pêche est per-
mise et où tout le monde a le droit de circuler en
bateau? Comment! cette propriété bien close serait
en tous temps abordable à tout venant par des
rives intérieurement sans défense et sans escarpement! Et le propriétaire qui trouverait pendant
la nuit un individu au milieu de ses jardins n'aurait
pas le droit d'interpeller cet homme sur cet acte
audacieux, sous le prétexte que cette rivière,
qui, par ses contours gracieux, fait le charme et la
décoration de sa propriété, ne lui appartient pas
et reste même inaliénable comme tout ce qui dé-

pend du domaine public ! Que dis-je? cet homme qui viendrait troubler le repos de ce propriétaire aurait le droit de se plaindre que par ses cascades ou chutes d'eau celui-ci entrave sa circulation ! Et en effet, si elle doit être libre, pourquoi la gênerait-il ?

Or, ce raisonnement, tout excentrique qu'il est, nous l'avons vu faire par des hommes sérieux, des jurisconsultes imposants, amenés par le vice de leur système à une si déplorable conclusion.

« *La loi de 1790*, lisons-nous encore dans Dalloz[1], » *dit que les objets confiés à la vigilance et à l'auto-* » *rité des corps municipaux sont : 1° tout ce qui in-* » *téresse la sûreté et la commodité du passage dans* » *les rues, quais, places et voies publiques, par con-* » *séquent la sûreté et la commodité de la circu-* » *lation sur les cours d'eau, qui sont en quelque* » *sorte des voies publiques, puisque, comme on* » *l'a dit, ces eaux sont au nombre des choses* » nullius. »

Pourquoi M. Dalloz ne tire-t-il pas toutes les conséquences de son principe et ne reconnaît-il pas aussi à tout venant le droit de circuler sur les bords de la rivière, ce qui serait encore plus facile et quelquefois plus utile ?

_____

(1) Traité de jurisprudence, t. XIX, p. 493, art. 578.

Est-ce que le savant Proudhon ne nous dit pas, dans un langage assez pittoresque, qu'*une rivière n'est pas une chose en l'air*, et que la condition des eaux ne saurait, aux termes de l'article 552, être différente de la condition du sol sur lequel elles coulent? Or, comme le lit d'une rivière se compose non-seulement du fond, mais encore de ses francs-bords, pourquoi la circulation serait-elle interdite sur un terrain que personne n'aurait le droit de revendiquer comme sa propriété?

Voilà cependant à quelle absurde conséquence peut mener un faux principe.

Est-ce que le simple bon sens n'indique pas que le droit de circulation ne peut exister que sur les rivières du domaine public, et qu'à l'égard de celles qui ne sont pas navigables il en est de la liberté de s'y promener en bateau comme de la faculté de chasser sur les fonds d'autrui, faculté qui existe tant que le propriétaire ne s'y oppose pas, mais qui cesse du moment où celui-ci veut clore son fonds ou en interdire l'accès au public?

Maintenant, Messieurs les Sénateurs, vous ne mesurerez pas sans effroi les conséquences du système qui forme la base de la jurisprudence actuelle, car on peut aller plus loin encore dans la voie de l'arbitraire qu'il ouvre aux autorités administratives et judiciaires.

« *Il a été jugé*, lisons-nous encore dans Dalloz [1],
» *qu'un usinier dont l'établissement a été auto-*
» *risé sur une rivière, avec réserve pour l'État*
» *de faire dans l'intérêt de l'industrie ou du*
» *commerce des dispositions qui privent l'impé-*
» *trant d'une partie des avantages de la conces-*
» *sion, est non recevable à réclamer des dom-*
» *mages-intérêts contre le concessionnaire posté-*
» *rieur d'une usine établie en amont, bien que le*
» *volume d'eau que celui-ci est autorisé à retenir*
» *diminue la force motrice du premier usinier.* »

Les termes de cet arrêt de la Cour de cassation
du 18 avril 1843 méritent, du reste, d'être rap-
portés.

« *La Cour...; attendu qu'il est établi par l'arrêt*
» *attaqué : 1° que la dame Ronflette s'est sou-*
» *mise à la clause de l'ordonnance royale autorisant*
» *l'établissement de son usine, laquelle clause ré-*
» *serve à l'État vendeur la faculté de faire, dans*
» *l'intérêt de la navigation, de l'industrie ou du*
» *commerce, des dispositions qui privent l'impé-*
» *trante d'une partie des avantages de ladite con-*
» *cession ; 2° que l'État a usé de ce droit en auto-*
» *risant en amont l'établissement de la forge du*
» *Drumeau...*, *etc.* »

---

(1) Traité de jurisprudence, t. XIX, p. 425, art. 413.

Et d'abord, en raison de ces termes : l'*État ven-deur,* on pouvait croire qu'il s'agissait d'une rivière du domaine public, mais le cours d'eau dont il est question, appelé le Nouzon, n'est point compris dans le tableau annexé à l'ordonnance royale de 1835, publié deux ans avant l'ouverture du procès. Cette expression, l'*État vendeur,* vicieuse en tous cas, car le domaine public est inaliénable, s'applique donc réellement à une rivière non navigable. Mais comprend-on d'une part que l'administration fasse des réserves, au profit non-seulement de la navigation, mais encore du commerce ou de l'industrie, et à la faveur de termes aussi élastiques, enlève à un propriétaire le bénéfice d'une chute d'eau, pour en attribuer les avantages à un autre **propriétaire riverain** ? Et comprend-on d'autre part que la Cour de cassation ait pu s'incliner devant cette décision administrative, et, par le rejet d'une demande en dommages-intérêts trop justement faite au bénéficiaire de cet acte administratif, consacrer une possession aussi injuste qu'illégale ?

Les arrêts que je viens de citer ne sont-ils pas la plus amère critique que l'on puisse faire du système *res nullius,* que défendent avec tant d'opiniâtreté de si graves auteurs, et qui, maintenant, aurait des tendances à devenir loi de l'État, si, méditant sur le danger qu'il présente, vous ne reconnaissiez, Messieurs les Sénateurs, son incompatibilité avec l'esprit de nos institutions modernes.

MOTIFS D'URGENCE

QUI FONT QUE LE SÉNAT NE SAURAIT DIFFÉRER DE PRENDRE EN CONSIDÉRATION LES OBSERVATIONS DE CETTE PÉTITION.

18. — S'il est urgent, Messieurs les Sénateurs, de réformer la législation quand elle est mauvaise, il est à la fois plus urgent et plus facile encore de remettre l'ordre dans l'administration de la justice lorsqu'il ne s'agit pour cela que de réprimer les écarts d'une jurisprudence contraire à la loi.

C'est ce qui arrive dans le cas particulier, où pour rétablir les riverains des cours d'eau non navigables ni flottables dans l'exercice des droits que leur garantit la constitution, vous n'avez absolument qu'à rappeler à l'autorité administrative que le système *res nullius*, qui forme la base de sa jurisprudence, étant incompatible avec l'esprit de nos institutions modernes, ce n'est ni par la loi du 20 août 1790 ni par celle du 6 octobre 1791 que l'Assemblée constituante lui aurait concédé le droit de disposer de ces cours d'eau, si ce droit pouvait exister, mais bien par la loi du 1er décembre 1790,

en les comprenant tout simplement, comme les rivières navigables et flottables, au nombre des propriétés domaniales, parce que ce sont les seules, je ne
saurais trop le répéter, sur lesquelles l'administration puisse, *sans porter atteinte au principe d'affranchissement de la propriété*, exercer ce pouvoir
discrétionnaire auquel elle prétend.

Maintenant, si on remarque que l'arrêté du Directoire du 19 ventôse an VI, qui commente les lois
du 20 août 1790 et du 6 octobre 1791, et se trouve
par cette raison aussi visé en tête et à l'appui des
règlements administratifs, dit positivement qu'en
vertu de ces lois et de celle du 24 août 1790 [1]
qui charge l'autorité judiciaire de connaître des entreprises des particuliers sur les cours d'eau non
navigables ni flottables [2], *les riverains de ces cours*

[1] On remarquera que c'est précisément parce que le Directoire n'interprète pas comme la jurisprudence actuelle les lois
du 20 août 1790 et du 6 octobre 1791, qu'il fait mention de la loi
du 24 août 1790 que l'administration ne rappelle jamais en tête
de ses règlements d'eau.

[2] Chaque fois qu'il est question de l'arrêté du 19 ventôse, je suis
obligé de rappeler que c'est par respect pour le droit de propriété
des riverains et pour mieux faire comprendre qu'en droit *les rivières
non navigables ni flottables* ne doivent pas conserver ce nom trop
générique qui n'indique pas assez leur identification avec les propriétés riveraines dont elles font partie *par droit d'accession*, que
l'arrêté du Directoire les appelle des *canaux d'irrigation et de des-
séchement particuliers*, les distinguant seulement des canaux creu-
sés de main d'homme, en ce qu'il appelle ceux-ci des *canaux ar-
tificiels*.

d'eau doivent se pourvoir EN JUSTICE RÉGLÉE, *c'est-à-dire devant les tribunaux civils,* il faut bien convenir qu'il y a pour le Sénat urgence d'aviser.

Car enfin, étant démontré que les principes de la constitution et les lois mêmes que l'administration vise en tête de ses règlements d'eau condamnent formellement son système et ses prétentions, cette autorité va se trouver à l'avenir dans cette fâcheuse position, ou de s'abstenir d'invoquer aucune loi à l'appui de ses actes, ce qui serait inconstitutionnel, ou de s'appuyer sur des textes de lois qui prononcent sa condamnation, ce qui ne serait pas moins absurde qu'illégal et inconstitutionnel.

Aussi jugez, Messieurs les Sénateurs, de l'épouvantable perturbation que ne manquerait pas d'apporter dans l'administration de la justice cette intime conviction chez les riverains, qu'en résistant aux exigences de l'autorité administrative ils ne font qu'user d'un droit que la loi leur donne et que leur garantit la constitution, et chez les magistrats de l'ordre judiciaire qu'en élevant un conflit de compétence ils ne feraient que revendiquer un droit que la loi et la constitution ont rangé dans leurs attributions.

Or, comme le Sénat, gardien du pacte constitutionnel, n'a pas seulement pour mission de s'opposer à la promulgation des lois qui pourraient lui porter atteinte, mais encore d'empêcher les autorités administratives et judiciaires de s'écarter de son esprit dans l'interprétation de nos lois, je viens vous supplier, Messieurs les Sénateurs, de vouloir bien prendre en considération la pétition que j'ai l'honneur de vous présenter.

Agréez, Messieurs les Sénateurs, les sentiments du profond respect avec lequel je suis

Votre très humble et très obéissant serviteur.

HENRI DE LAGENARDIÈRE.

Jugy (Saône-et-Loire), le 10 mai 1862.

TABLE DES MATIÈRES

CONTENUES DANS LA PÉTITION.

———◆◆◆———

SOMMAIRE DE LA PREMIÈRE PARTIE.

ART.		PAGES
1.	Influence des lois abolitives de la féodalité sur le régime des eaux	XV
2.	Que l'administration place les riverains dans une condition pire que celle qui leur était faite sous le régime féodal	XIX
3.	Insuffisance des moyens proposés par la commission du projet de Code rural pour obvier au mal que je signale	XXI
4.	Que ce sont les riverains et non pas l'administration qui ont été mis aux lieu et place des seigneurs.	XXIV
5.	Impuissance de l'administration comparée à la toute-puissance des seigneurs	XXVIII
6.	Que le domaine de supériorité que le seigneur exerçait sur le domaine utile des eaux n'était pas de nature à être transmis à l'administration.	XXX
7.	Que l'espèce de juridiction attachée au domaine de supériorité du seigneur est devenue un des attributs essentiels de l'autorité judiciaire	XXXIV
8.	Fausse appréciation, par la commission du projet de Code rural, du caractère des règlements prescrits par la loi du 6 octobre 1791.	XXXVII

j

SOMMAIRE DE LA DEUXIÈME PARTIE.

ART.   PAGES.

9. DE L'INTÉRÊT PUBLIC GÉNÉRAL. Qu'il entraîne nécessairement la domanialité et que par conséquent
l'administration ne peut en son nom disposer *discrétionnairement* et *sans indemnité*, par voie de
police ou autrement, que des cours d'eau qui ont
été rangés dans le domaine public   XLIII

10. DE L'INTÉRÊT PUBLIC LOCAL OU SECONDAIRE. Qu'il ne
nécessite pas, comme l'intérêt public général, l'attribution au domaine des eaux courantes auxquelles il s'applique et n'excède pas dès lors la
compétence des tribunaux civils   LX

11. DE LA POLICE DES COURS D'EAU NON NAVIGABLES NI FLOT-
TABLES, de ceux, par conséquent, sur lesquels les
entreprises des riverains ne sauraient porter atteinte à l'intérêt public général, mais seulement
à l'intérêt public local ou secondaire.—Qu'il y a
sur ces cours d'eau deux sortes de police à exercer, l'une répressive et l'autre conservatrice . .   LXXVI

12. DES MESURES DE POLICE RÉPRESSIVE. Qu'elles sont exclusivement de la compétence des tribunaux civils lorsque la décision judiciaire à intervenir ne
peut pas froisser l'*intérêt public local*, mais que
dans le cas où cet intérêt est en jeu, *comme quand
il s'agit de modifier la hauteur des eaux d'une rivière,* le préfet doit d'abord donner, dans une enquête publique, l'éveil à tous les intérêts, et même
tenter entre les riverains un règlement amiable
pour leur éviter les frais et les lenteurs du règlement judiciaire à intervenir, lequel dès lors ne
doit avoir lieu qu'à défaut de conciliation des
parties devant l'autorité administrative . . .   LXXIX

13. EMBARRAS QUE L'ADMINISTRATION SUSCITE AUX TRIBU-
NAUX quand elle veut appliquer elle-même les
mesures de police répressive sur les rivières non
domaniales, et ce qu'il advient de la réserve des

ART.　　　　　　　　　　　　　　　　　　PAGES.

　　droits des tiers, par laquelle elle pense alors don-
　　ner à la propriété les garanties qui lui sont dues .　　XCV

14. DES MESURES DE POLICE CONSERVATRICE. Qu'elles sont,
　　il est vrai, exclusivement de la compétence de
　　l'autorité administrative, mais peuvent toujours
　　donner lieu à un recours par la voie contentieuse.　　CVII

15. DU FAIT DU PRINCE. Qu'il doit cesser d'être considéré
　　comme un acte légal, parce qu'il n'est autre
　　chose que le droit que s'est attribué le gouverne-
　　ment de faire, à la faveur du système *res nullius*,
　　la police de certaines natures de propriétés qui,
　　comme les cours d'eau non navigables, ont été
　　laissées par la loi dans le domaine des particuliers.　　CXVII

16. DU SYSTÈME RES NULLIUS. Origine et échec de ce sys-
　　tème, au nom duquel se commet *le fait du prince*.　　CXXIII

17. TRISTES EXEMPLES DU FAIT DU PRINCE et fâcheuse
　　condescendance de l'autorité judiciaire pour les
　　actes connus en justice sous ce nom　.　.　.　.　.　CXXXIII

18. MOTIF D'URGENCE qui fait que le Sénat ne saurait
　　différer de prendre en considération les observa-
　　tions de cette pétition　.　.　.　.　.　.　.　.　.　CXXXIX

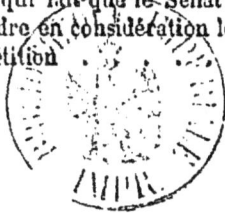

FIN.

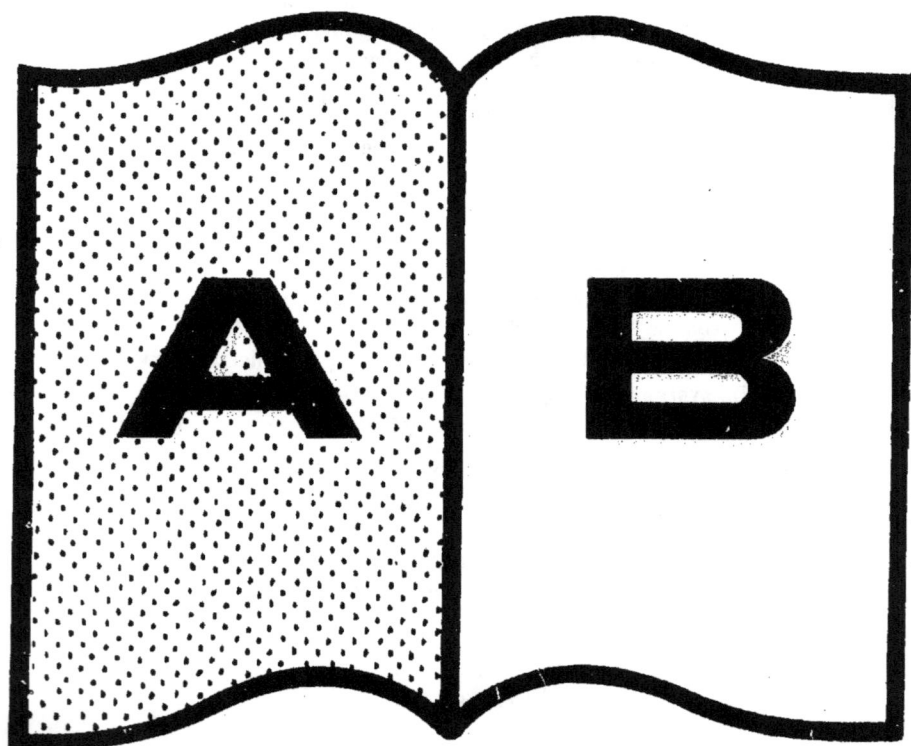

Contraste insuffisant

NF Z 43-120-14

www.ingramcontent.com/pod-product-compliance
Lightning Source LLC
Chambersburg PA
CBHW050104210326
41519CB00015BA/3826